早稲田社会学ブックレット

［社会学のポテンシャル 2］

ライフコースの社会学

嶋﨑 尚子

学 文 社

はじめに

多くの人びとに感動を与える物語や伝記には、主人公が時代の波にさらわれ翻弄されながらも、自らの人生を切り拓いていく軌跡をたどったものが多い。ただ翻弄されるだけの物語や、驚異的な能力や意欲をもって人生を切り拓いていった物語というのは、およそ不自然であるし、共感を得ることは難しい。本書で観察するのは、人びとが時代に翻弄されながらも自分の人生を切り拓いていく様である。それもごく普通の人たちの。あなたや私の人生が、将来、物語や伝記として後世の人たちを感動させることはおそらくないだろう。しかし、名もない私たちのそれぞれの人生の軌跡は、まぎれもなく時代に翻弄されながらも私たちが自ら切り拓いていった結果である。

その過程を社会科学の視点で、記述し、説明しようというのがライフコース社会学である。ライフコースという用語は、一九八〇年代から日本でも使われるようになった。しかし、おおむねその語義は「人生」あるいは「生涯」と同義である。その傾向は、現在にもあてはまる。「人生」「生涯」であるなら「ライフ」でよい。それをわざわざ「ライフコース」としているのは、そこに社会的認知があるからだ。

コースとは、ありうる、たどりうる道筋であり、複数用意されている。しかし、どの社会でも（みなが望ましいと考えるような）支配的なコースは数多くはない。そうしたコースの存在は、人びとにとって人生の指針・方向づけとなってきたと同時に、多くの人びとを苦しめてもきた。

本書は、個々人の物語や伝記それ自体に注目するのではなく、コースとしてのそれをとりあげ、その形成メカニズムを検討する。具体的には、こうした作業で用いる道具を七つとりあげたうえで、研究方法・研究例を紹介していきたい。

二〇〇八年一月

著者

目次

第一章

二十世紀に生じた人生経験の激変

一　時代・歴史的出来事との遭遇

学生諸君にとって就職活動、いわゆる「就活」は、(教員の立場からするとなんとも皮肉なことだが）大学生活最大の課題・イベントのようだ。近年の大学生の就職内定状況をみてみよう。図１に示したように、十月一日現在（一般に「内定式」が開催される日）に就職希望で就職先が内定している学生の比率（就職内定率）は、年度ごとに大きく異なっている。たとえば、この図には、平成八（一九九六）年度卒業から一七（二〇〇五）年度卒業までの最近一〇ヵ年の推移を示しているが、大学生全体では、九年度の七四％から一五年度の六〇％まで一四ポイントの差がある。男子では七六％から六一％と一五ポイントの開きが年度間でみられる。「いつ就活

図1　大卒者の就職（内定）率

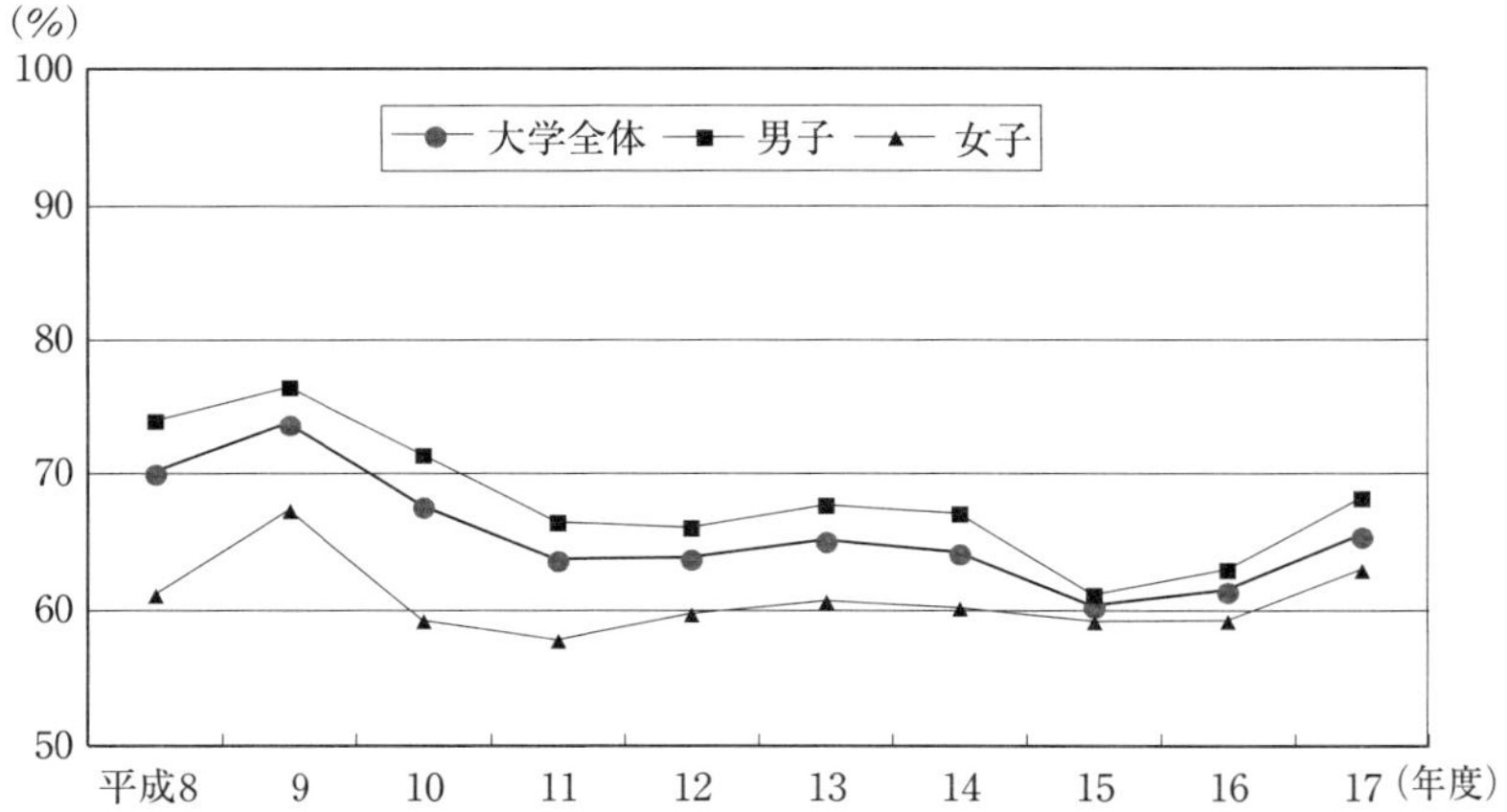

出所）「大学等卒業者就職状況調査」より作成。大学4年10月1日現在。

するか」によって、就活の進行状況は大いに違っていることがよくわかる。現役入学でよかった人もいれば、浪人したことが幸いした人もいるだろう。ちなみに、男子と比して就職内定状況が芳しくない女子は同じような傾向を示すものの、男子ほど大きな年度間の開きはない（図1）。

さて、時代を大幅にさかのぼって、太平洋戦争下の若者について考えよう。「戦争によってもっとも痛手を受けた世代」の特定を試みた森岡清美（一九九三）は、一九二〇年から一九二三年の四ヵ年の出生男性では、一九三五年人口を一〇〇％としたときの一九四七年人口（生き残り率）が六〇％台にとどまり、非常に低いことを見出した。このうちもっとも低いのは一九二一年出生男性で、一九四七年人口は一九三五年の六五％にとどまる。この一二年間に人口の三分の一を失ったのである。森岡はこの世代を「決死の世代」と名づけている。彼らは十代半ばから二十代半ばにかけて、この時期をすごした。生物学的にはもっとも死とは縁遠い年齢だったにもかかわらず、もっとも戦没（戦死）しているのだ。そこには戦争による徴兵、その後の学徒出陣、さらには特攻隊としての出撃などがあった。一九三七年の日中戦争勃発から一九四五年の太平洋戦争の終結まで、すべての日本人が戦争状態に遭遇したにもかかわらず、戦没という悲劇は、「あの時代に特定の年齢にあった若者たち」にとりわけ集中していたのだ。

一九九五年一月、阪神・淡路大震災が発生した。六千人を超える犠牲者を出し、多くの者たちの日常生活、人生が一瞬の揺れとともに崩壊した。ピーク時には四万六、六一七戸の入居があった仮設住宅は、一九九七年から撤去・解体が始まった。二〇〇〇年一月をもってすべての退去が完了し、三月には解体された（数値は、「ひょうご安全の日公式サイト」より）。この間に仮設住宅に取り残されていったのは、高齢者であった。「災害はもっとも弱い者たちに深刻な打撃を与えた」のである。

戦争、震災という大きな歴史的出来事や自然災害、あるいは人生上の通過儀礼のひとつともいえる就職活動、こうした出来事をどのように経験するかは、まさにその出来事と「いつ」「どこで」遭遇するかに左右されるのである。最近数年のうちではもっとも就職内定状況がよかった平成九年度卒業の大学生は、最悪だった一五年度の学生よりも、優秀だったのだろうか。あるいは将来への意欲が強かったのだろうか。おそらく大差はなかったにちがいない。労働市場における新規学卒求人状況がきわめて活況であったときか、もっとも不況であったときなのか、この点に大きく影響を受けたにほかならない。まさに、「いつ大学三年・四年であったのか」に依存していたのだ。「決死の世代」とよばれた若者たちは、どうだろう。かれらは特別に愛国精神が強かったのだろうか。おそらくそうではあるまい。皮肉なことに「たまたま、ちょうどよい年齢であった」のだ。震災による衝撃を長期間にわたって解消できなかった高齢者たちは、もともととても弱い人たちだったのか。否、「もっとも資源をもたない人生段階で地震に被災したこと」の結果にほかならない。

とはいえ、同じ年齢や場所で大きな衝撃に遭遇しても、結果の現れ方には個人差がある。そこには、「それまでにどのような過去を、どのような経験をしてきたか」という累積的な効果が作用する。さらに、「どのような人間力をもっているか」、資源や能力、社会関係、そして将来にむけてのビジョンなど、個人の内的な力によっても、その衝撃の吸収程度は左右される。われわれの人生は、社会というマクロな環境・条件のなかで営まれるが、その一方で、個々人に固有な力・方向性によっても形作られる。ライフコース研究は、こうした動きつづける社会とそのなかで生きる個人の人生、この両者の相互作用の仕方を整理し、考察していく。本書では、ライフコース研究で用いる道具（基本的な概念）を七つとりあげ、具体的な研究方法について学んでいく。

喫茶室

大卒女性の就職

四年制大学を卒業した女性の就職状況は、一九八六年の男女雇用機会均等法施行によって大きく変化した。雇用機会が拡大したこと、その職種が拡大したことがある。均等法以前の大卒女性の就職内容をみておこう。『女性労働白書　平成一五年版』付表34によれば、一九八〇年度に大卒後就職した女性の職種は、「専門職」五六％、「事務職」三七％に大別される。そして、「専門職」の圧倒的多数は、「教員」である。「教員」は就職者全体の三八％を占める。大卒女性の就職先は、教員と事務職で四分の三を占めていたのだ。

そもそも民間企業は大卒女性を募集すらしていなかった。均等法は、少なくとも制度上、四年制大卒女性にたいして、民間企業での採用門戸の開放を促進した。実際、その後大卒女性の就職先は一九八〇年のそれとは大きく変貌した。二〇〇三年では、「教員」はわずか七％にとどまり、「事務従事者」は四一％である。「専門的・技術的職業従事者」三三％、「販売従事者」一八％となっており、男性のそれと大差ない。

二　生涯時間の確からしさの増大

十九世紀半ばからの産業構造の転換は、われわれ人間・個人の生き方に多大な影響をおよぼした。その影響は、個人が生物有機体として生存する環境そのものにおける変化もあれば、個人が社会のなかで生きるために用意される種々の制度や仕組みにおける変化もある。さらには、社会の仕組みをつかさどる原理（基本理念）における変化もあった。むろん、そうした原理は、文化や規範など外的規制としてわれわれの内面的意識に効力をもったのである。

ライフコース社会学は、社会のなかで個人が発達的に変化していく過程、さらには、個人の生き方が社会構造を発展させる過程、その両者を観察しようとする研究である。

こうした考え方、研究領域が登場した背景として、まず二十世紀を通して個人の人生経験に生じた激変を、大前提である人口学的条件に着眼して概観しておこう。あらためて確認するまでもないが、われわれの人生経験に生じた最大の変化は、生涯時間が長くなったことだ。われわれの「生きる時間」がいかに保障されるようになったかを理解しよう。

現在の日本の人口は何人だろうか？　およそ一億三〇〇〇万人にのぼる。あなたやあなたと同年齢の人たちは、そのなかでどれほどの割合を占めているのだろう？あなたが一九八八年生まれとしよう。最新の統計がある二〇〇五年には、十七歳である。表1から二〇〇五年時点では、一三一万三千人の仲間がいて、そのうち男性が六七万五千人、女性が六四万人である。そもそも一九八八年には何人生まれたのだろう。表2から一三一万四〇〇六人生まれていることがわかる。この一六年間にほとんど仲間を失うことなく生きてきたわけだ。たった一六年と思うかもしれないが、かつては、乳幼児期を生き抜くことはたやすいことではなかった。乳児死亡率（〇歳児の死亡率）は、一九〇〇年には出生一〇〇〇に対して一五五という高さで発生していた。この比率は、戦争直後の一九四七年でも七六・七という高い水準にあり、当時のヨーロッパ諸国と比べ非常に高かった。その後、急速に低下し、一九五〇年に六〇・一、五年後の一九五五年には三九・八と三分の二へと低下した。その後一貫して低下し、一九八八年には四・八という水準にまで達した。二〇〇四年では二・八となっている。生まれた子ども一〇〇〇人のうち、一年以内に死亡する確率は二・八人と、きわめて低い確率になったのだ。ちなみに、この値は近年では欧米諸国を抜いて世界で一位ないし二位である（たとえば二〇〇三年アメリカでは六・九、フランス四・四）。

表1　性，年齢（各歳）別総人口：2005年

年　齢	総　数	男	女	年　齢	総　数	男	女
総数	127,767,994	62,348,977	65,419,017				
0	1,056,800	539,668	517,132	50	1,631,381	816,353	815,028
1	1,091,316	557,804	533,512	51	1,633,864	816,299	817,565
2	1,115,649	571,375	544,274	52	1,739,785	865,997	873,788
3	1,149,450	588,649	560,801	53	1,838,150	913,501	924,649
4	1,164,872	597,006	567,866	54	1,953,319	971,090	982,229
5	1,182,977	607,278	575,699	55	2,104,329	1,043,747	1,060,582
6	1,179,736	604,292	575,444	56	2,309,454	1,145,025	1,164,429
7	1,193,349	610,904	582,445	57	2,293,251	1,135,716	1,157,535
8	1,188,871	608,086	580,785	58	2,180,630	1,079,446	1,101,184
9	1,183,562	605,943	577,619	59	1,367,500	673,435	694,065
10	1,204,524	616,199	588,325	60	1,470,910	718,324	752,586
11	1,205,422	617,258	588,164	61	1,795,818	874,355	921,463
12	1,187,516	608,449	579,067	62	1,745,049	849,367	895,682
13	1,209,248	620,052	589,196	63	1,791,638	869,302	922,336
14	1,207,942	618,720	589,222	64	1,741,214	843,181	898,033
15	1,234,174	632,362	601,812	65	1,584,111	763,350	820,761
16	1,273,076	653,268	619,808	66	1,376,543	660,974	715,569
17	1,313,462	675,064	638,398	67	1,467,269	698,526	768,743
18	1,357,096	696,653	660,443	68	1,504,053	714,359	789,694
19	1,390,572	716,083	674,489	69	1,500,634	707,797	792,837
20	1,442,590	741,422	701,168	70	1,430,012	667,385	762,627
21	1,471,327	753,852	717,475	71	1,344,544	621,368	723,176
22	1,481,329	757,026	724,303	72	1,336,071	611,177	724,894
23	1,469,413	746,565	722,848	73	1,291,896	586,033	705,863
24	1,485,939	755,957	729,982	74	1,234,974	553,780	681,194
25	1,546,900	786,273	760,627	75	1,156,731	511,696	645,035
26	1,588,551	806,426	782,125	76	1,110,735	484,419	626,316
27	1,655,017	838,134	816,883	77	1,054,370	453,050	601,320
28	1,701,624	861,964	839,660	78	993,095	418,680	574,415
29	1,787,957	905,754	882,203	79	947,870	388,472	559,398
30	1,873,576	949,205	924,371	80	859,044	339,083	519,961
31	1,972,766	999,283	973,483	81	747,664	281,960	465,704
32	2,009,592	1,014,512	995,080	82	668,066	231,663	436,403
33	1,971,948	997,497	974,451	83	602,291	198,904	403,387
34	1,926,975	972,768	954,207	84	535,328	171,025	364,303
35	1,872,513	945,606	926,907	85	514,834	160,746	354,088
36	1,841,095	927,533	913,562	86	380,019	117,340	262,679
37	1,806,426	910,300	896,126	87	354,614	105,891	248,723
38	1,802,445	908,866	893,579	88	317,236	92,264	224,972
39	1,413,302	710,482	702,820	89	282,557	78,885	203,672
40	1,753,784	882,923	870,861	90	238,830	64,379	174,451
41	1,643,281	827,731	815,550	91	205,486	53,130	152,356
42	1,601,907	805,966	795,941	92	165,193	40,492	124,701
43	1,550,197	779,029	771,168	93	131,771	30,756	101,015
44	1,531,427	769,821	761,606	94	99,590	21,829	77,761
45	1,544,533	774,589	769,944	95	75,580	15,942	59,638
46	1,576,252	790,161	786,091	96	54,915	10,778	44,137
47	1,534,063	766,938	767,125	97	38,156	7,232	30,924
48	1,495,792	748,341	747,451	98	26,778	4,757	22,021
49	1,575,221	787,471	787,750	99	15,792	2,717	13,075
				100歳以上	25,353	3,760	21,593

総務省統計局『国勢調査結果』による。総数には年齢不詳を含む。
出所）『人口統計資料集2007』表２－３を転載。

表２　性別出生数および出生性比：1872～2005年

年次	総数	男	女	出生1)性比	年次	総数	男	女	出生1)性比
1872	569,034	290,836	278,198	104.5	1971	2,000,973	1,032,937	968,036	106.7
1880	883,584	452,327	431,257	104.9	1972	2,038,682	1,051,389	987,293	106.5
1890	1,145,374	586,121	559,253	104.8	1973	2,091,983	1,077,517	1,014,466	106.2
1900	1,420,534	727,916	692,618	105.1	1974	2,029,989	1,046,538	983,451	106.4
1910	1,712,857	872,779	840,078	103.9	1975	1,901,440	979,091	922,349	106.2
1920	2,025,564	1,035,134	990,430	104.5	1976	1,832,617	943,829	888,788	106.2
1930	2,085,101	1,069,551	1,015,549	105.3	1977	1,755,100	903,380	851,720	106.1
1940	2,115,867	1,084,282	1,031,585	105.1	1978	1,708,643	879,149	829,494	106.0
1941	2,277,283	1,165,437	1,111,846	104.8	1979	1,642,580	845,884	796,696	106.2
1942	2,233,660	1,145,068	1,088,592	105.2	1980	1,576,889	811,418	765,471	106.0
1943	2,253,535	1,155,983	1,097,552	105.3	1981	1,529,455	786,596	742,859	105.9
1947	2,678,792	1,376,986	1,301,806	105.8	1982	1,515,392	777,855	737,537	105.5
1948	2,681,624	1,378,564	1,303,060	105.8	1983	1,508,687	775,206	733,481	105.7
1949	2,696,638	1,380,008	1,316,630	104.8	1984	1,489,780	764,597	725,183	105.4
1950	2,337,507	1,203,111	1,134,396	106.1	1985	1,431,577	735,284	696,293	105.6
1951	2,137,689	1,094,641	1,043,048	104.9	1986	1,382,946	711,301	671,645	105.9
1952	2,005,162	1,028,061	977,101	105.2	1987	1,346,658	692,304	654,354	105.8
1953	1,868,040	957,524	910,516	105.2	1988	1,314,006	674,883	639,123	105.6
1954	1,769,580	911,212	858,368	106.2	1989	1,246,802	640,506	606,296	105.6
1955	1,730,692	889,670	841,022	105.8	1990	1,221,585	626,971	594,614	105.4
1956	1,665,278	856,084	809,194	105.8	1991	1,223,245	628,615	594,630	105.7
1957	1,566,713	805,220	761,493	105.7	1992	1,208,989	622,136	586,853	106.0
1958	1,653,469	848,733	804,736	105.5	1993	1,188,282	610,244	578,038	105.6
1959	1,626,088	835,822	790,266	105.8	1994	1,238,328	635,915	602,413	105.6
1960	1,606,041	824,761	781,280	105.6	1995	1,187,064	608,547	578,517	105.2
1961	1,589,372	817,599	771,773	105.9	1996	1,206,555	619,793	586,762	105.6
1962	1,618,616	833,269	785,347	106.1	1997	1,191,665	610,905	580,760	105.2
1963	1,659,521	852,561	806,960	105.7	1998	1,203,147	617,414	585,733	105.4
1964	1,716,761	882,924	833,837	105.9	1999	1,177,669	604,769	572,900	105.6
1965	1,823,697	935,366	888,331	105.3	2000	1,190,547	612,148	578,399	105.8
1966	1,360,974	705,463	655,511	107.6	2001	1,170,662	600,918	569,744	105.5
1967	1,935,647	992,778	942,869	105.3	2002	1,153,855	592,840	561,015	105.7
1968	1,871,839	967,996	903,843	107.1	2003	1,123,610	576,736	546,874	105.5
1969	1,889,815	977,687	912,128	107.2	2004	1,110,721	569,559	541,162	105.2
1970	1,934,239	1,000,403	933,836	107.1	2005	1,062,530	545,032	517,498	105.3

厚生労働省統計情報部『人口動態統計』による。1947～72年は沖縄県を含まない。日本人のみ。以下，出生統計については同様。
1）出生性比は女100に対する男の数。
出所）『人口統計資料集2007』表４－１を転載。

表3から特定年齢までの生存率をみておこう。十五歳までの生存率は、一九二一年（大正時代）には男性七二％、女性七三％と四分の三を下回っていたのにたいし、戦後には九〇％の水準に、そして一九七〇年以降は九九％と、非常に高くなっている。人口学的にみれば、「生まれた個人はみな、子ども期を生き延びる」ことが保障されているのだ。では、高齢期にあたる七十五歳まではどうだろうか。今世紀はじめには、男性は一三％、女性で一九％ときわめて稀であったのにたいし、戦後に高まった。男性では一九五五年に三五％と三人に一人、一九七五年には五一％と二人に一人に、そして、二〇〇〇年には六七％、二〇〇五年には六九％と七割にたっしている。さらに、これを女性でみると、もっと顕著である。一九六〇年にはすでに五一％と半数をこえ、一九九五年には八一％へ、二〇〇五年には八五％にまで上昇した。女性の八五％は「七五歳まで生きることが高い確率で保障されている」のだ。

生きるということは、人口学上の生存競争に勝ち抜くことである。かつてこの競争は実に熾烈であったが、戦後日本社会では、競争自体は緩やかになった。整理すると、二つの大きな変動が生じたことになる。ひとつは、すべての出生年の人たちの余命が延びたこと、もうひとつは、男性よりも女性でその延びが急速であったこと、である。その結果として、男女の生涯時間の差が拡大したのだ。

表3　性別特定年齢までの生存率：1921～2055年

(%)

年次	出生から15歳まで		出生から65歳まで		出生から75歳まで		15歳から65歳まで	
	男	女	男	女	男	女	男	女
1921～25	72.47	73.26	30.52	35.02	12.80	18.71	42.11	47.81
1926～30	75.70	76.52	33.81	39.59	14.81	22.10	44.67	51.74
1935～36	79.10	80.12	36.22	43.55	16.48	25.26	45.79	54.36
1947	82.91	83.97	39.85	49.15	18.49	28.95	48.06	58.53
1950～52	90.02	90.82	55.11	62.85	29.44	40.45	61.22	69.20
1955	93.19	93.98	61.84	70.61	34.57	47.62	66.36	75.13
1960	94.87	95.82	64.78	75.21	36.12	51.47	68.28	78.49
1965	96.75	97.54	69.08	79.96	39.86	57.14	71.40	81.98
1970	97.57	98.20	72.07	82.57	43.53	61.17	73.87	84.08
1975	98.15	98.62	76.82	86.09	51.05	67.80	78.27	87.29
1980	98.60	98.95	79.39	88.50	55.74	72.68	80.52	89.44
1985	98.96	99.18	81.12	90.09	60.25	76.94	81.97	90.83
1990	99.10	99.30	82.60	91.32	63.04	79.85	83.35	91.96
1995	99.16	99.33	83.30	91.62	63.84	81.20	84.00	92.23
2000	99.38	99.50	84.68	92.59	66.73	83.71	85.21	93.05
2001　1)	99.42	99.52	85.11	92.81	67.52	84.16	85.60	93.25
2002　1)	99.44	99.52	85.38	92.92	68.19	84.52	85.87	93.37
2003　1)	99.47	99.52	85.32	93.01	68.36	84.76	85.78	93.46
2004　1)	99.47	99.57	85.66	93.04	69.07	85.03	86.12	93.44
2005	99.46	99.58	85.66	93.08	69.28	85.05	86.13	93.47
2030　2)	99.64	99.69	88.94	94.71	76.09	88.92	89.27	95.01
2055　2)	99.71	99.75	90.42	95.37	79.31	90.52	90.69	95.61

注記のないものは，内閣統計局および厚生労働省統計情報部『完全生命表』による。生命表のlxにより求めた。

1）厚生労働省統計情報部『簡易生命表』。

2）国立社会保障・人口問題研究所『日本の将来推計人口』(平成18年12月推計［中位］)。

出所）『人口統計資料集2007』表5-15を転載。

三　家族関係の長期化

ここで興味深いデータを紹介しよう。表4は、子ども一〇〇〇人における家族員の死亡経験タイプをみたもので、アメリカの人口学者ピーター・ユーレンバーグがセンサス・データから作成した。出生年の異なる五つのグループを設定し、出生率と死亡率の低下が、子どもの定位家族（子どもとして生まれる家族）での生活経験にもたらした影響をみている。まず、「子ども本人が十五歳までに死亡する」確率が一八七〇-七四年生まれでは三〇％近い値であるが、一九五〇-五四年では四％にまで低下している。この点は、さきほど日本のデータで確認したとおりである。さらに、子ども時代の経験では、一八七〇-七四年に生まれた子ども一〇〇〇人のうちわずか五一五人（五一・五％）のみが「十五歳まで生き残ってかつ両親が健在」であった。この割合は一九五〇-五四年出生のグループになると九二五（九二・五％）になる。とりわけ表中「タイプ2a」と表記されている母親を失う確率が急激に低下している。かつては子ども時代によくみられた親を失うことで直面する経済的、社会的、心理的問題への対処が、現代ではほとんど経験されなくなっている。きょうだいの死の経験についても同様のことが読み取れる。表中の「タイプ4」で

表4　子ども1,000人における家族員の死亡の経験タイプ
（アメリカ：1870–1950年出生コーホート）

出生コーホート	タイプ 1	タイプ 2	タイプ 2a	タイプ 2b	タイプ 3	タイプ 4
1870–74	295	190	80	130	515	90
1890–94	260	160	60	110	580	165
1910–14	155	125	35	95	720	385
1930–34	85	60	15	45	855	655
1950–54	35	40	10	30	925	825

タイプ 1　：15歳までに本人が死亡
タイプ 2　：15歳まで生存，両親あるいは親の1人が死亡
タイプ 2a　：15歳までに母親が死亡
タイプ 2b　：15歳までに父親が死亡
タイプ 3　：15歳まで生存，両親生存
タイプ 4　：15歳まで生存，両親生存，きょうだい全員が15歳まで生存
(Uhlenberg, 1987 TABLE 2.3)
出所）大久保・嶋﨑(1995)『ライフコース論』表15-1より転載。

ある「十五歳まで本人が生きて、かつ両親が健在で、さらにすべてのきょうだいが十五歳まで生きた者」をみると、一八七〇-七四年ではわずか九％に過ぎない。一九五〇-五四年では八三％と、定位家族の生活を同じ顔ぶれで過ごしていくことが、標準的な経験となっていることがわかる。このような変化は、家族生活における死の非日常化ということもできる。

生涯時間の長期化は、このほかにも人びとの家族生活や家族関係に多大な影響をおよぼしている。たとえば、親子関係の長期化、男女差の拡大や長い未亡人期の登場といった現象があげられる。また、

多くの者が少なくとも七十五歳までは生きるようになった現在、子ども期自体が長期化してきたとする見方もある。はたして「大人にならない若者」「大人になりたがらない若者」の背景には、生涯時間の長期化が影響しているのだろうか。

第二章

ライフコースとは

一　ライフコースとライフサイクル

ここで「ライフコース」（life course）を定義しておこう。いろいろな定義があるが、もっともポピュラーな定義をあげると、「ライフコースとは、年齢によって区分された生涯期間を通じての道筋であり、人生上の出来事についての時機（timing）、移行期間（duration）、間隔（spacing）、および順序（order）にみられる社会的パターンである」（エルダー）。ライフコースは「人生」ではない。この点をまず理解してほしい。人がたどる人生の足跡は、道筋（pathways）である。その道筋には、多くの者がたどる道筋もあれば、わずかな者のみがたどるものもある。また、社会的に望ましいとされる道筋もあれば、望ましくないとされる道筋もある。ライフコースの社会学では、ある一定頻度で出現する複数の道筋を社会的なライフコース・パターンとみなし、観察していく。

ここではまず、ライフコースと非常に近い用語であるライフサイクルについてみておこう。「みなが同じような人生をたどれる社会」は、社会の豊かさのひとつの指標である。たとえば高校や大学への進学が、親の経済的状態などによって実現できないことは、個人の人生に対する社会の影響である。社会全体の生活水準が豊かになることで、そうした個人の条件による機会の制約は小さくなるだろう。このように、だれもが同じように人生の道筋をたどれること、あるひとつのライフコース・パターンが高い頻度で再生産されること、これをライフサイクルという。サイクルすなわち再生産は、世代間（たとえば父親と息子が同じ人生パターンをたどる）、同時代内（同じ時代を生きる人びとが同じ人生パターンをたどる）でなされる。高度成長期下、日本では「みなが同じ人生を歩める」ような社会が豊かな社会であり、その実現が目標とされた。家庭が貧しいとか、地域が恵まれないなどに関係なく、同じように人生を歩めることが目標であって、いわば社会原理でもあった。

若者についていえば、「足並みをそろえて、みなで大人になっていく」という仕組みが作られた。たとえば高校進学でみると、高度経済成長期に短期間のうちに「足並みをそろえて」が実現された。図2をみてもわかるように、一九五〇年には、

図２　性別にみた高等学校・大学への進学率：1950～2003年

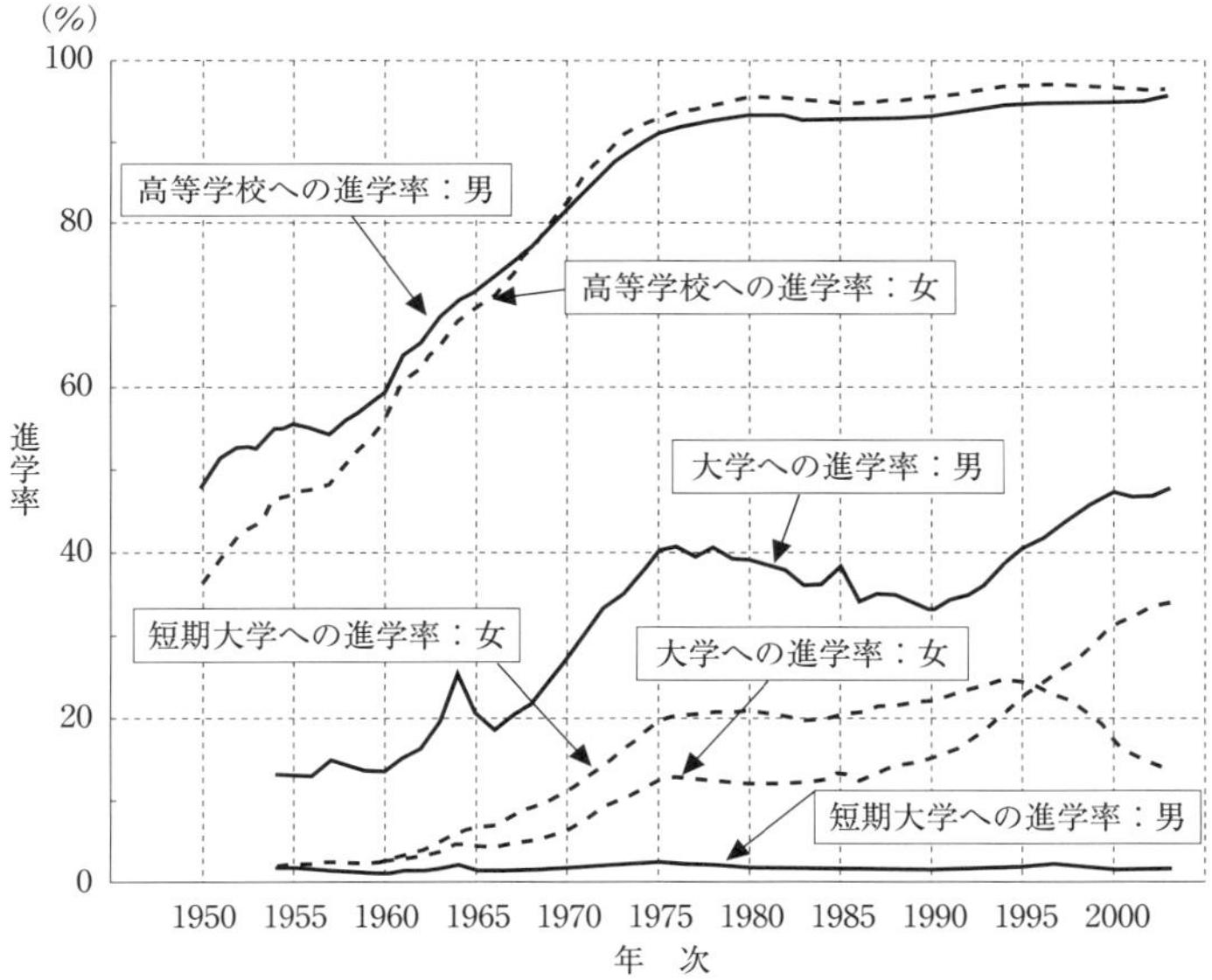

資料）文部科学省生涯学習政策局『文部科学統計要覧』による。
出所）『人口統計資料集』。

中学校卒業の男子はおよそ半数が、女子は三人に一人が高校へ進学する程度であった。一九六〇年には、男女共に六〇％近くが進学し、六〇年代の高度成長をへて一九七〇年には八〇％になる。この年には、女子八二・七％、男子八一・六％と女子のほうが数ポイント高くなっている。そして、一九八〇年代には九五％を越え、ほぼ全員が高校へ進学するようになったとみてよい。二十一世紀にもこの状況が続き、二〇〇四年では女子九六・六％、男子九五・七％となっている。こうした推移をみると、誰もが十八歳までは学生であるという道筋が高い確率で予測できるようになった。これが日本の中等教育の大衆化である。

参考までに大学への進学をみると、全体的に上昇している。バブル崩壊後はさらに急上昇し、男子では五〇％近くになっている。女子も一九七五年には二％だったのが、男女雇用機会均等法施行で高学歴女子にたいする労働需要も増え、一九九〇年代後半には四年制大学への進学率が急上昇した。今や三八％を越える状況である。戦後から今日まで日本社会は、時間をかけて「十代は親元をベースキャンプにして学校を中心に社会へ参画する」ことを若者に押し付け、またそれが受け入れられたのである。

このように、若者の人生機会が保障される一方で、結婚や親になることは、必ずしもすべての人びとが経験することではない。また「サラリーマンの夫と専業主婦の妻、ふたりの子どもからなる世帯」は、社会政策上の標準世帯モデルとして位置づけられてきたが、決して実際に世帯のほとんどがそうした形態をとっているのではない。むしろ共働き世帯数の方が、専業主婦世帯数を上回っている。「みなが同じような人生を送ることができる社会」から「いろいろな人生を送ることができる

雇用機会均等法

正式名称「雇用の分野における男女の均等な機会及び待遇の確保に関する法」。一九八五年公布、八六年施行。九七年、〇七年に改正。

募集、採用、配置、昇進、退職、解雇という雇用の全過程にわたって女性の差別的扱いを禁ずる目的から成立された。その後、性差別禁止の範囲拡大、妊娠・出産等を理由とする不

利益取扱いの禁止、セクシュアル・ハラスメント対策、母性健康管理措置、ポジティブアクションの五項目について大幅に改正された。

なかでも性差別禁止の範囲を「男女双方」に改正している点が注目される

社会」へと移りつつある。ありうる人生パターンが複数用意されている社会が、つぎなる豊かな社会である。そこで登場したのが、ライフコースの視点である。確かにいつの時代にも、生涯独身の男性や女性、働き続けた女性はいた。しかし彼らは、決してありうる人生をたどっているとは自他ともに認知していなかったにちがいない。あらたな視点の主眼は、そうした人生パターンもありうる、いいかえればその生き方もひとつの社会的パターンとして認知されていることにあり、「その人生パターンをたどることで、不利益を被らない」ことが重要なのだ。

とはいえ、実際の社会では、人びとがたどりやすいライフコース・パターンは、

喫茶室

標準世帯モデル

戦後日本社会では、一九六〇年代から種々な社会保障制度が整えられてきたが、そこで想定されていたのは、「サラリーマンの夫と専業主婦の妻、ふたりの子どもからなる核家族」世帯であった。所得税の配偶者控除、国民健康保険制度、基礎年金の第3号被保険者制度などは、この世帯モデルに基づいて設定された。しかし、サラリーマンと専業主婦からなる夫婦の比率は一九七〇年代の三七%をピークとする程度にすぎない。標準世帯モデルは実数としては決して大多数を占めるわけではないが、規範もしくは「あるべき家族像」として影響力を持ち続けていることは事実である。

図3　多元的な人間発達モデル

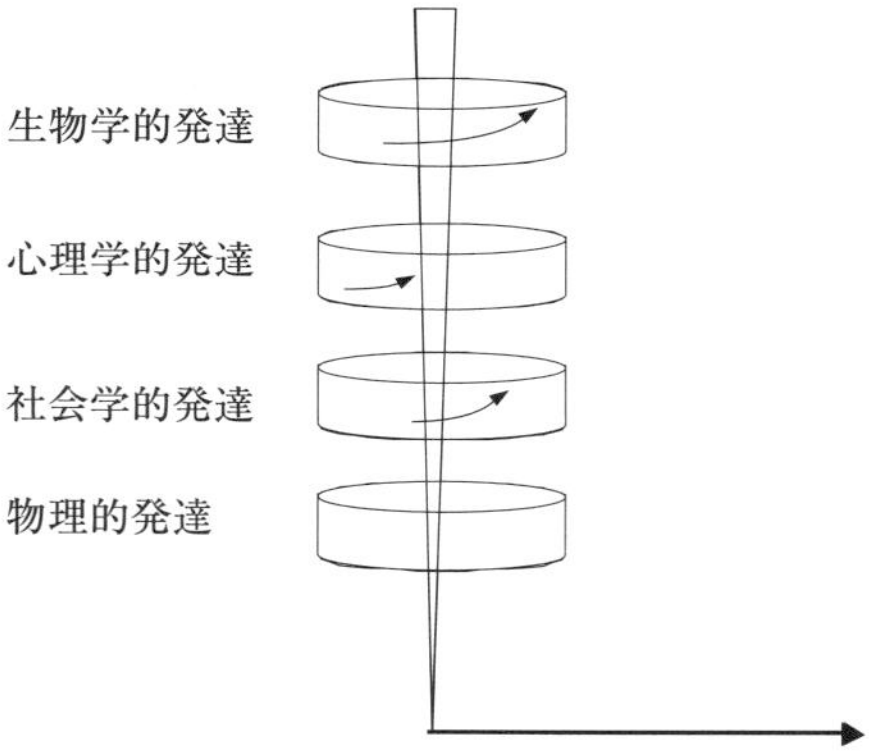

出所）Perun & Bielby (1980) より作成。

階層化されている。たとえば、性別や社会経済的条件、人種、地域、学歴などによって大きく異なることはありうる。そうしたライフコースの階層化を記述し、説明するためには固有の道具が必要である。次項以降では、その道具を七つ紹介していく。

道具の説明にさきだって、人生の道筋をどのように観察するのか、人間発達の視点を導入しておこう。人間発達は、多元的に観察することが求められる。図3にあるように、たとえば、生物学的な発達の次元、心理学的発達、社会学的発達、物理的発達といった次元が設定される。それぞれの次元が固有の速度で生涯にわたって発達をつづけていく。生物学的発達は、個人が生まれてから数年のうちに非常な速度で進行する。しかし、思春期をおえるころには緩やかになり、二十歳ころにはほぼ一定になる。その後中年期後半あたりから、再び速度を増し、老化という現象がはじまっていく。それに対し、心理学的には思春期ころからパーソナリティやアイデンティティの模索、確立の過程がつづく。このように、多元的な人間発達モデルにたつと、ライフコース・パターンをより詳細に把握することが可能となる。なお、本書では社会学におけるライフコース研究の視点を整理している。そこでの主たる観察対象は、社会学的発達の次元である。

二　第一の道具―役割

ライフコースにおける社会学的発達次元を観察していく際に有効な道具のひとつは、社会的役割（social role）である。われわれ個人は、社会的関係のなかに埋め込まれ、その関係のなかで特定の位置を占めている。たとえば、家族では父親との父子関係のなかで、息子あるいは娘という位置を占めている。他方で、大学では教員との関係で学生という位置を占めている。このように、われわれは複数の社会的関係をもち、そのなかで固有の位置を占めている。この位置を社会的役割とよぶ。それぞれの関係での役割を識別する理由は、役割ごとに固有の行為の様式（役割遂行）が、期待（役割期待）あるいは規定（役割規範）されているからである。

子ども役割の遂行の一例である親から小遣いをもらうときの振る舞いをみよう。明らかに、子どもとしてどのような振る舞いが期待されているかを知っていてなされるだろう。むろん、知っているが、わざと逸脱した振る舞いをする子どももいる。しかし、彼らも、その振る舞い方の規範を知っているからこそ、逸脱しているのだ。友人同士でおしゃべりするときには、違った振る舞いをするだろう。また同じキャンパス内でも友人とおしゃべりするときと、ゼミで教員と話すときでは、違っているだろう（差がない場合、「タメ口」をきくといって逸脱行為とみなされる）。

さて、子ども役割は自分が生まれたときに、親との関係のなかで取得する。そして、親あるいは自分が死亡し、親子関係が消滅した際に喪失する。つまり、親子関係が存続している間は、子ども役割を保有し続ける。むろん、親が亡くなった後にも子どもとして思慕の念を抱いたり、あるいは、亡親の子として社会的に行為しなければならない場もあるが、通常は相手の死亡等で関係が消滅した際に、喪失すると考える。このように、役割は社会的関係の成立とともに始まり、関係の消滅・解消とともに終わる時間的経過をもった役割過程とみなすことができる。始まりを役割取得とよび、終わりを役割喪失という。そしてその間を役割保有期間という。さて、子ども役割は、現在では五〇年以上保有するようになったが、その間、子ども役割に関する規範は不変ではない。ごく幼い時期には、依存―扶養の関係があり、その後、親との距離が大きくなり、中年期には、子ども自身も親になり、双方が成人同士の親子関係となる。しかしその後、親の加齢にしたがって、今度は扶養―依存へと幼いときとは逆の関係へと移っていく。このように、同じ子ども役割であっても、加齢にしたがって、期待される役割遂行は異なる。この過程を役割変容過程という。親から経済的援助を受けることは、幼い時期には当たり前であるが、特別な理由や事情もなく中年期になってもそれを受け続けることは、社会規範からは逸脱している。図4は、役割過程を図示したものである。

図4　役割過程への着目

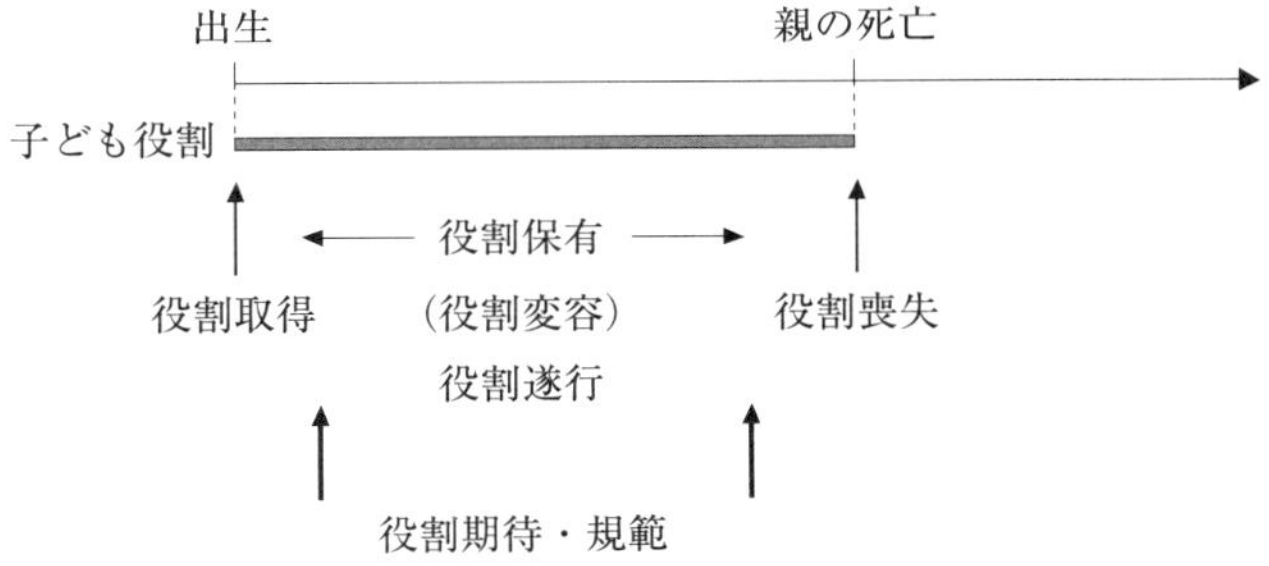

三　役割複合体とキャリア

さて、現在、あなたはどのような役割を保有しているのだろう。思い浮かぶ役割を列挙してみよう。あなたの保有役割リストのなかには、子ども役割、きょうだい役割、孫役割、学生役割、アルバイト役割、友人役割、恋人役割、サークル幹事役割、などがあがったに違いない。では、あなたの日常生活をふりかえると、どの役割の遂行頻度が高いだろうか。役割という視点から整理すると、われわれの日常生活は、一つひとつの行為が特定の役割に対応しており、その連続である。大学で授業に出席しているときには、学生役割を遂行しており、友人とおしゃべりをしているときには、友人役割を遂行している。次から次へと実に器用に役割をとりかえている。日常生活という舞台上では常に、ひとつの役割を演じていて、ひとりで何役もこなしているのである。保有している役割を電球にたとえるなら、常にひとつの電球がオンになっていて、ついたり消えたりを繰り返している。

しかし、どの電球がオンになるかは、必ずしも個人がいる空間と一致しているわけではない。教室で授業を受けていても、心のなかで昨日のデートのことを思い出していたなら、その瞬間は恋人役割を遂行しているのである。自宅で親やきょうだいと団欒しているときに、携帯電話が鳴ったら、その瞬間、あなたは友人役割を遂行しているのだ。空間と役割遂行が一致していないことは、観察者にとっては厄介である。しかし、たとえ教室で「内職」や「物思いに耽っている」ことがあっても、それはあくまでも逸脱的な行為であって、多くの場合には学生役割を遂行していると考えてよいだろう。つまり、教室で遂行すべき学生役割は規範化され、各人はそれを内面化しているはずなのだ。

ところで、保有している役割のなかには、ほとんど日常的には演じられない役割もある。遂行する頻度に応じて役割を色分けすると、顕在的役割と潜在的役割に分けられる。ここで少し作業してみよう。あなたの現在の役割リスト中のそれぞれの役割について、どれほど顕在化しているのか、全役割を一〇〇として、各役割の比率を出してみよう。リストの下に円を描いて、その中に顕在化の比率に応じて面積を変えて役割を描いていこう（図5を参照するとよい）。次に、各役割の遂行状況や保有状況が、現在のあなたにとって居心地のよいものか、それとも悪いものか、楽しいものか、つらいものか、色を塗るとしたらどうなるか、考えてみよう。そして実際に色鉛筆で塗ってみよう。そこで描かれた図が、役割という道具を用いて描かれた、現在のあなたのライフスタイル・生活構造である。その円の左側には五年前のそれを、同じく右側には五年後のそれ（むろん自分がこうありたいと考えている）を描いてみよう。最後に、できあがった三つの円をながめてみると、現在の円が、過去のそれとつながりをもっていること、あるいは将来ありたいと希望しているそれを反映していることを感得できるだろう。自分の生活をふりかえる際に定期的にこの方法を使ってみることをお奨めする。

　われわれは複数の役割を同時に保有し、その一つひとつに対応した社会的行為を繰り返して日常生活を送っている。この点に注目すると、個人を役割複合体としてとらえることができる。この役割の複合度をみると、人生の初期にはその度合いが

図５　役割複合体を図示してみよう

５年前

保有役割リスト

［５年前を思い出して
リストアップしよう］

現在

子ども　13%
きょうだい　５%
孫　３%
学生　15%
友人　13%
恋人　18%
アルバイト　13%
サークル幹事　20%

５年後

［５年後の希望を
リストアップしよう］

［役割遂行頻度とその評価を図示しよう］

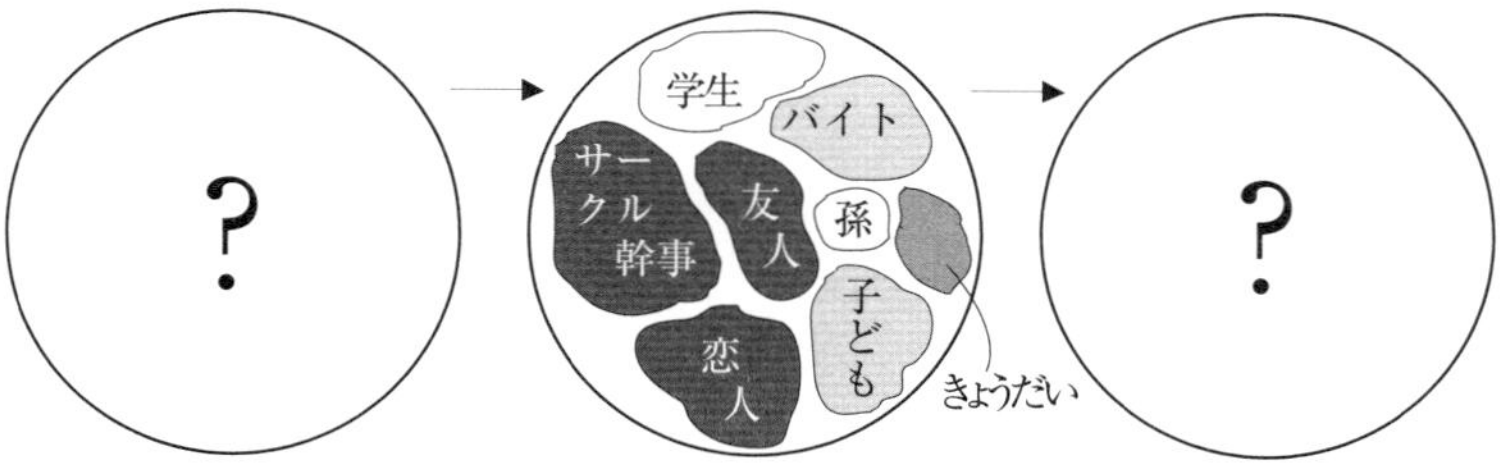

きわめて小さいことがわかる。子ども役割ときょうだい役割が中心であって、その後、発達段階に応じて、園児役割、友人役割などが加わっていく。さらに、児童役割、生徒役割、そして学生役割へ、また友人役割のほかに、部活役割、アルバイト役割、恋人役割など複合度は青年期を通して拡大していく。さきに示した青年期にかけて社会

的次元の発達速度が増していくことは、役割複合度の拡大を意味している。また、園児役割と児童役割、生徒役割、そして学生役割と移っていくにつれその遂行内容は高度になっていく。一般的に大学生役割は、もっとも自由裁量の幅が広く、また規則の少ない役割だが、遂行するには高度な能力が求められる。いわば学生のプロである。大学入学当初こそ緊張するが、その後はすんなりと遂行できるようになる。というのは、この能力は、すでに園児の段階から順々に時間をかけて身につけてきているからだ。このように社会的役割の遂行方法やその規範等を身につけていく過程を、社会化過程という。新たな役割を取得すると、その役割の社会化が求められる。そこでは、その役割をうまく遂行できるか、すなわち役割に適応できるかが、課題になる。そうした課題にむけての準備には、アルバイトで職業経験をつむなど、予期的社会化という方法もある。

定位家族と生殖家族
家族内の個人の位

さて、生涯に保有するであろう役割は、ここであがった以外には、職業役割、配偶者役割、親役割、祖父母役割、地域活動役割、病人役割などがある。これらの役割は、遂行内容が似通った、あるいは生活領域が同じあるいは近い役割と遠い役割とに分けられる。子ども役割、きょうだい役割、孫役割は、いずれも個人が子どもとして生まれた家族（これを定位家族という）での社会的役割である。これに対し、園児からはじまる学生役割は教育という場、職業役割は、職業生活での役割である。

配偶者役割、親役割、祖父母役割は、個人がみずから形成する家族（生殖家族）での役割である。このように、ひとつの役割もしくは複数の役割を束ねて、その役割過程を観察すると、その束がキャリア（経歴）となってあらわれてくる。定位家族キャリア、学校キャリア、職業キャリア、生殖家族キャリア、社会活動キャリアなどがある。

四 ライフイベント

さて、図4にもどろう。役割取得と喪失には、それぞれライフイベント（人生上の出来事）が発生する。子ども役割の取得には、出生という出来事、喪失には親の死亡という出来事をともなう。学校入学、卒業、就職、結婚、親なり（第一子の出生）、離婚、死別、退職、そして本人の死までさまざまなライフイベントを経験しながら人生の道筋がたどられる。ライフコースを観察する際、出生から観察時点までの期間を逐次たどることは不可能である。そうではなく、主要なライフイベントについて情報を得ることで、役割過程、キャリアを容易に再現できる。ちょうど学歴や職歴を履歴書に記入するのと同じ要領である。こうしたライフイベントからライフコースの道筋を再現したものを、ライフヒストリー・カレンダーという。いわ

置に着目した家族カテゴリー。観察する個人（「エゴ」）が子どもとして位置する家族を定位家族(Family of orientation)、夫婦・親として位置する家族を生殖家族(Family of procreation)とする。

前者は、エゴのもつ親子関係（ときょうだい関係）から構成され、後者は、エゴの夫婦関係と（親としての）親子関係から構成され、質的に異なる。

このカテゴリーを用いて家族を観察する場合、「夫婦と子どもからなる核家族」は、子どもにとっては定位家族であり、夫婦にとっては生殖家族となる

ば人生全体の履歴書である。

喫茶室

ライフヒストリー・カレンダー

ライフコース調査では、人びとの出生から現在までのライフイベント経験をたずねていく。そこでは、いつ、どのように各イベントを経験したかが重要となる。「いつ結婚しましたか」「いつ就職しましたか」「いつ一番上のお子さんが生まれましたか」「いつ持ち家をもちましたか」……とライフイベントごとにたずねていく。しかし、われわれは、過去のイベント経験をすらすらと正確に思い出すことはなかなかできない。実際の調査場面では、記憶を呼び起こしてもらうことに非常に苦労する。

ひとつのイベントの時期を特定すると、その前後関係から数珠繋ぎにイベント経験の情報を引き出せる場合がある。そこで便利なのがライフヒストリー・カレンダー調査である。具体的には、大きな空白の年表を用意して、そこに対象者の年齢を入れていき、種々のキャリア上のイベント経験を埋めていく。これまでの調査経験から判断すると、まず居住地（それぞれの時期にどこに住んでいたか）を確定すると、比較的容易に他のライフイベント（たとえば転職や子どもの出生など）を想起しやすいようだ。ライフヒストリー・カレンダーは、対象者の記憶の想起に有効であると同時に、観察者は、複数のキャリア間でライフイベントが共時性をもっていることを視覚的にとらえることができる。

図６　成人への役割移行期

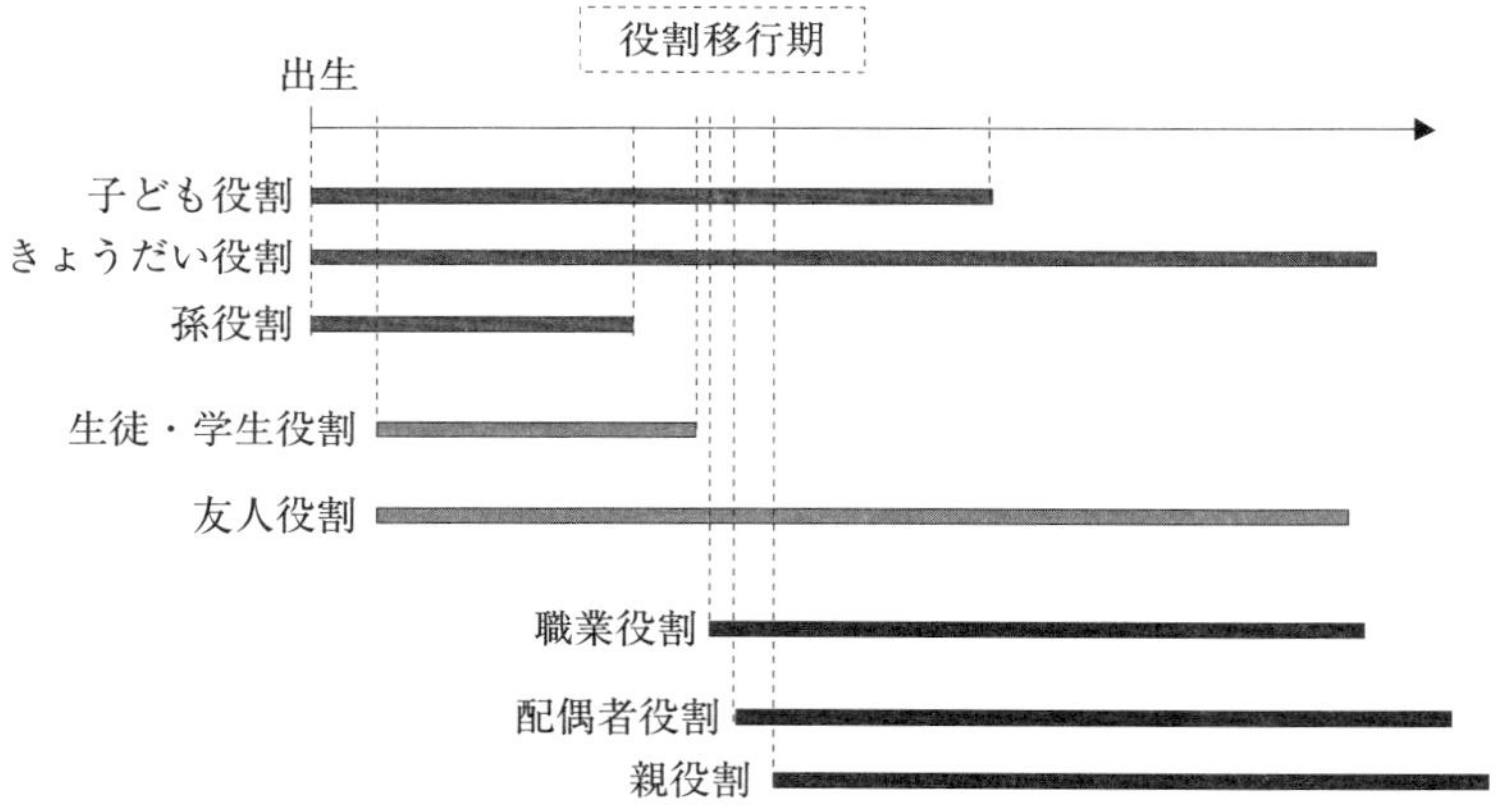

五　役割移行

生涯時間上には役割複合の様相が大きく変わる時期があり、これを役割移行期という。この時期には、複数の役割取得や役割喪失が集中する。図6をみて明らかなように、学校を終え、就職し、結婚、親なり……といったイベントを経験する時期は集中している。人生初期のこの移行を「成人への役割移行期」とよぶ。人生にはこのほかに、中年期への移行、高齢期への移行がある。それぞれの役割移行期で、複数のキャリアにおいて、重大な役割変容を経験する。ライフコースを観察する際、生涯時間全般を対象とするのではなく、特定の移行期に焦点をあてることも戦略のひとつである。後の章では、ライフコース研究の一例として、成人期への移行をとりあげる。

第三章

ライフコースの要素 ①

一　変化と持続をどのように記述するか

ライフコース社会学のねらいは、ライフコース・パターンの変動を記述し、説明することにある。われわれは、「社会が変化した」「女性の社会進出が進んだ」「核家族化が進行した」「個人主義が普及した」「キレル若者が増えた」というように、変化について言及することを好む。そして、多くの現象の要因・原因をこうした変化に求める傾向が強い。確かにこうした言説は、説得力があるように聞こえる。「劇的に社会が変化している」状態は活気があってよいし、反対にペシミストには、救いようもない悲劇的な現状・厭世的人生観を助長することになる。しかし当然のことながら、社会のすべてが「変化している」わけではない。「変わらない」側面

記述と説明
「記述」(description)とは、観察内容を精確に描写することである。何がwhat、どこでwhere、いつwhen、どのようにhow、といった問いに答えを出すものである(バビー、二〇〇三)。これに対し、「説明」(explanation)とは、物事が生起した理由を考えることである。つまりなぜwhyという問いに答えを与えるものである

がある。否、たいていの部分は「変わらない」がゆえに、「変わった」部分が強調されるのだ。すべてが変わったならそれは革命である。変化を観察・記述するためには、変化しない部分(持続性・連続性)への着目も必要なのだ。この点を観察の留意点の第一に指摘しておきたい。

また、変化は、その基準点(ないしは準拠点)をどこに据えるかによって、観察結果・記述内容が大いに異なってくる。たとえば、「結婚」というイベントの発生は、個人の結婚上の地位の変化を意味する。「未婚」から「既婚」へ、あるいは「無配偶」から「有配偶」への移動である。これに対して「未婚」のままであることは、個人の結婚上の地位は持続している。しかし、同年齢グループのなかでの位置を基準にすると、「未婚」という状態は、二十歳の時には「標準的な状態」であったが、四十歳では「非標準的な状態」になってしまう。つまり同年齢グループ内では、「標準的な位置」から「周辺的な位置」へ移動しており、位置を変化していることになる。社会生活を営む上では、こうした「変わらないけれど変わっていた」という現象も大きな意味をもっている。前者を個体内変化(絶対的変化)、後者を個体間変化(相対的変化)という。個人を基準点とした観察か、集団内での位置を基準点とした観察かで、変化の判断は正反対にもなるのだ。

また、集合体水準での変化を意味する表現として「社会が多様化した」というよ

図７　個体内変化と個体間変化

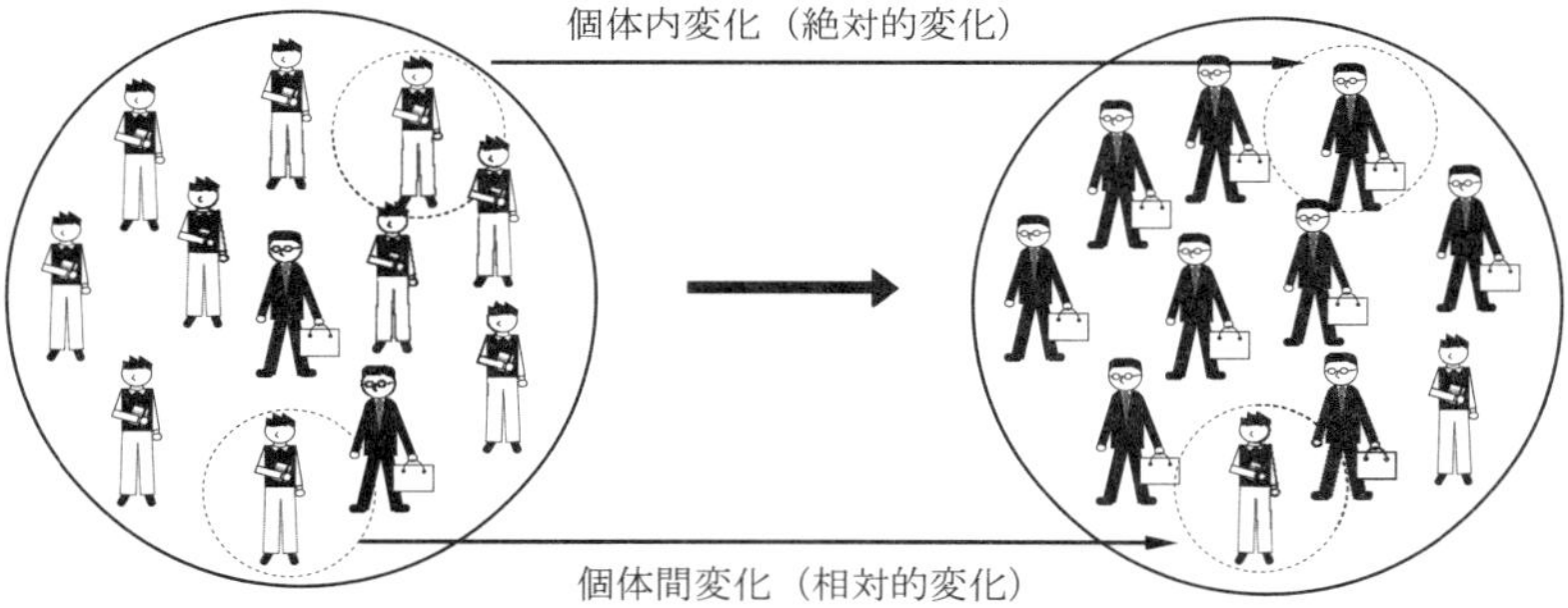

うに「〇〇化」が使われる。主要な変化の方向には、多様化、多極化、二極化、画一化、平準化、平均化などがある。それぞれについて整理しておこう。多様化とは、現象が多くの種類に分かれることを指す。たとえば、「価値観が多様化した」という記述は、社会のなかに複数の価値観が並存する状態へ移行したことを意味する。二極化とは、現象が対立する中心をもつ様態に二分することを指す。近年「若者の経済水準が二極化した」という記述が頻繁に使われるが、これも、経済的富裕層と貧困層へ二分され、中間層が薄くなる現象を指し、さらに富裕層と貧困層が対照的なライフスタイルや価値観をもつことを強調する意図が含意されている。他方で、画一化という方向もある。個々の特性が考慮されずに、一

定の基準に収斂することを指す。「若者の行動が画一化する」といった記述が用いられる。みなが同じように進学し、卒業し、就職していくさまなどがあてはまる。画一化と似た表現では、平均化・平準化がある。平均化は、「平均してそろえたうに、一定の状態にすること」(『類語大辞典』)を指し、とくに質についてあてはめるときには平準化を用いる。このように、変化した現象の記述において、集合体水準での趨勢を記述する場合には、〇〇化という用語が有効であるが、慎重に利用すべきである。

二　ライフコースにおける三つの時間

さて、「変わる」「変わらない」を観察するためには、時間の経過を組み込まねばならない。ライフコース研究では主要には三つの時間軸を用いて変化を記述していく。社会時間、生涯時間、家族時間である。まず、社会時間と生涯時間からみていこう(家族時間については第四章でとりあげる)。ライフコースが社会的パターンである以上、その記述には、時代コンテクスト(文脈)を組み込む必要がある。社会時間とは、時代コンテクスト、すなわち社会構造上の進行であり、歴史時間・時代 period として観察できる。社会構造、社会制度、システムが時間の進行とともに移動するさま、すなわち社会変動をとらえる視点である。他方で、人間発達という個体発生の過程をさす時間軸が生涯時間であり、具体的には加齢としてとらえられる。年齢社会学の始祖であるライリーによれば、加齢とは、「出生から死亡までの、成長したり、年をとったりするライフコース過程」であり、単にある時点からの老化をさすものではない。

ここで社会変動と人間発達という二つの観察対象がでてきたわけだが、両者は相互に関連しあっている。「社会が人生を翻弄する」「私の人生は、時代に翻弄された」という表現があるように、制度や規範は人びとの出来事経験に影響を与える。この点はたやすく想像できるだろう。たとえば、年金受給開始年齢の引き上げは、定年退職後の就業の継続を促進する主たる要因である。

敗戦後日本では、戦勝国より少し遅れてベビーブームが生じ、一九四七年から四九年に多くの子どもが生まれた。いわゆる「団塊の世代」である。第一章の表2で確認すると、この三ヵ年には、各年二六〇万人以上の子どもが生まれた。前後と比較して非常に多い。ベビーブームは、戦争を経験した多くの社会で生じる。社会の混乱がおさまり、将来に明るい見通しがつくことで、家族形成期にある夫婦が子どもをもったのである。子どもの出生それ自体は、個々の夫婦の出来事経験にすぎないが、その経験が集合体となったとき、社会に影響をおよぼすのである。団塊の世代の定年退職に関連した種々の問題「二〇〇七年問題」は、まさにその人生経験が社会構造に影響を与える好例である。先にみた年金受給開始年齢の引き上げは、団塊の世代の加齢に対する準備であったのだ。

しかし、このように個々の出来事経験の総体が社会変動の主因になるという場合、多くは時間経過を含む。社会変動は瞬時・あるいは比較的短時間のうちに個人の経験に影響をあたえるが、逆の場合には、相対的に長い時間を要するのである。

三　第二の道具—年齢

加齢過程を観察するための道具は、むろん年齢（暦年齢）である。年齢は非常に便利な「ものさし」である。その有用性を年齢の特性五点から明らかにしておこう。第一に、一方向性がある。年齢の進行は一方向のみであって、途中で二手にわかれることはない。二十歳の次には二十一歳しかありえないのだ。第二に、不可逆性がある。だれも年齢を逆戻りすることはできない。「二十歳の頃に戻りたいな」と思っても、決して戻れない。さらに第三は、個体内の等速性である。人生の初期には加齢速度が速く、後期には遅いといったことはない。どの時期にあっても同じ速度で年齢という軸を進んでいく。子ども期を振り返ると、時間の進みが遅かったと感じることがある。小学校時代はとてつもなく長く感じた。しかしそれは、年齢の速度が一定であるからこそ、そこで発生するイベントが少ないがゆえに進行が遅く感じるのである。逆もありえる。さらに、この速度は、だれもが同じである。あなただけが他の人よりもゆっくりと進むことはありえない。これが、第四の個体間の等速性である。第五に、年齢という軸は、一日、一月、一年を単位に刻まれる。社会変動を測定する時代、すなわち歴史時間と同じ目盛で、等速である。歴史時間と加齢時間は、同一のものさしで測定できるのだ。

社会には、年齢階層（あるいは年齢階梯）システムが存在する。「社会内における人びとや役割の年齢別のおおざっぱな区分」（ライリー）である。ほとんどの社会は、年齢によって人びとを層化している。子ども期、大人期、老人期というおおざっぱなものから、非常に細かいものまである。たとえば日本の学齢段階は、非常に細かい年齢階層である。飛び級制度がないので、小学一年生の次は必ず二年生へ、そして三年生、四年生……中学三年生と続いていく。一段抜かしは許されない。みな足並みをそろえて年齢階層を一段一段、順々にのぼっていくのだ。年齢階層システムは社会構造の一部であり、かつそれは変化する。

年齢階層システムは、具体的には年齢規範として可視化され、個人の人生を規制する。年齢規範には、成年に達する年齢（日本では二十歳）、最低婚姻年齢（女性十六歳、男性十八歳)、選挙権取得年齢(二十歳)、被選挙権取得年齢(衆議院議員二十五歳、参議院議員三十歳)、というように、何かをしてよい年齢、役割取得に関する規範が多くある。それに対して、役割喪失に関する規範は総じて少ない。たとえば法定定年退職年齢(六十歳、あるいは六十五歳)などは、職業生活に一端区切りをつける年齢を規定したものである。年齢規範には、ここにあげたような法的規制をともなうものばかりではない。適齢期に関する規範などもある。結婚適齢期はその典型であろう。女性であれば十六歳、男性であれば十八歳以降ならばいつでも結婚してよい(最高婚姻年齢の規定はない)。しかし、初めての結婚(初婚)には、望ましい年齢がある。これを結婚適齢期という。この時期に結婚する(オンタイムな結婚)と、周囲の者からも認められやすいし、またその後の結婚生活もスムースに始められるという目安の時期である。かつては、女性の結婚適齢期は「クリスマスケーキ」にたとえられた。クリスマスケーキが、「クリスマスイブの二十四日・二十五日には飛ぶように高値で売れるが、二十五日をすぎると叩き売りしても売れない」ことを引用して、「二十四歳、二十五歳は女性がもっとも結婚市場で価値があるとき、これをすぎると危ないぞ」という社会文化的心理を示している。これに応じて、二十五歳定年制を採用している企業さえあった。しかし、現在、この適齢期規範はおそらくあてはまらないだろう。一九九四年には「二十九歳のクリスマス」

というテレビドラマが流行った。三十歳という大台をむかえる直前が売り時というメッセージであった。この規範は、現在でもある程度有効だろう。ともあれ、適齢期規範は、法的規則ではなく社会文化的心理を反映しており、法的規則以上に社会状況に応じて変化しやすい。

四 第三の道具―コーホート

さて、年齢を用いることによって、時代と加齢の二つの時間からなる空間を設定することが可能になる。A-P空間である。図8のように、時代を横軸に、加齢を縦軸にとる。

図9のように、このA-P空間を斜めに進む集団を「コーホート」(cohort) という(語義はローマ時代の歩兵隊を指す)。聞きなれない用語だが、「同時期に特定の社会システムに参入した人びとからなる集団」と定義しておこう。たとえば出生を基準にすると、「同じ年に出生して、その社会の年齢階層システムをともに歩んでいく人びとの集団」を意味する。これを出生(年)コーホートという。第一章でみた一九八八年生まれの人たちは、一九八八年出生コーホートという。コーホートの幅は一年でなくとも構わない。たとえば、さきにみた「団塊の世代」は、一九四七-

四九年出生コーホートである。コーホートは、ライフコース・パターンを観察する際に、現象を整理するために用いる道具である。そのため、どのような幅のコーホートをいくつ設定するかは、観察のねらいや対象に応じて決定される。先のA-P空間にコーホートのCを加えたA-P-C空間（図9）でわかるように、コーホートは決して互いに交差することはない。

　コーホートは、それ自体、固有の特性（規模や死亡率など）をもち、コーホート成員の経験は、特定の歴史時代を反映する。その点で、すべての出生コーホートは異質的である。コーホートは社会変動の機会を提供し、いったん、変動が生じると、それによってコーホートは互いに分化する。すなわち前後のコーホートとの異質性を極端に強調する。コーホートをひとつの社会的単位とするならば、社会は、新た

図8　2つの時間からなる空間の設定

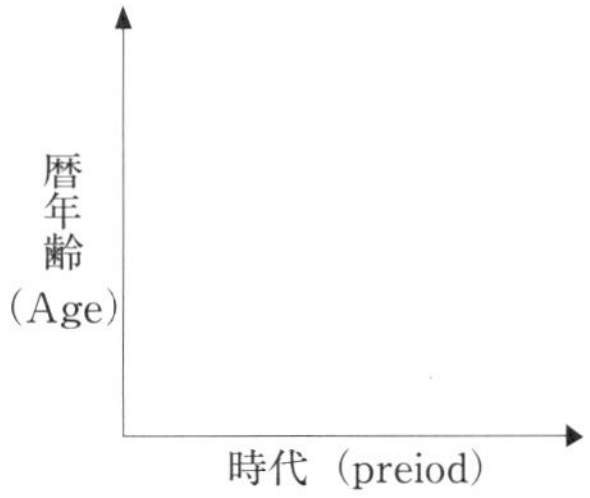

図9　A-P-C 空間の設定

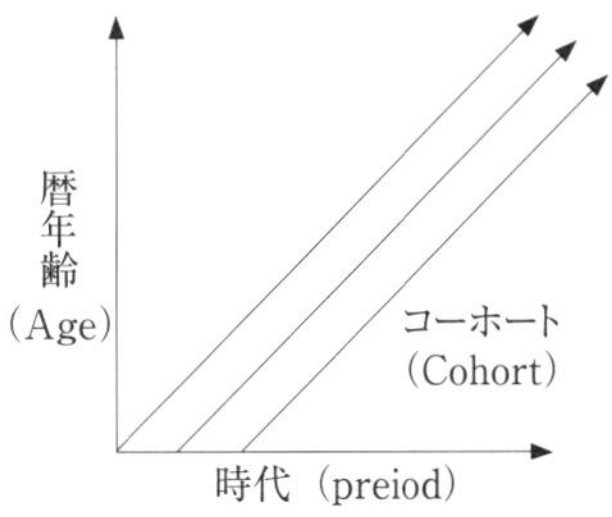

なコーホートが生まれて社会システムに参入し、その加齢過程で年齢階層を移動し、やがて死亡するという、コーホート自体が社会的新陳代謝にとりこまれる。この過程をコーホート・フローという。

コーホートには、出生年コーホートのほかに、入学年コーホート、卒業年コーホート（第一章冒頭でみた就職内定率は、卒業年コーホート単位の観察である）、入社年コーホート（「一九八〇年入社組」など）、結婚年コーホートなどがよく使われる。いずれも基準となる年に一斉に特定の集団（学校や企業など）に参入した集団、あるいは特定の状態（夫婦、引退など）が始まり、その後の加齢をともにしている集団である。

コーホートを用いると、ライフコース・パターンについて二種の記述が可能になる。ひとつはコーホート間比較である。複数のコーホートを設定して、それらにみられるライフコース・パターンを比較し、差異や共通性を観察する方法である。晩婚化や少子化などは、頻繁になされるコーホート間比較である。コーホート間比較は、時代コンテクストを記述に反映させることがねらいとなる。異なる年齢階層システムや社会構造のなかで加齢していく様子を明確にすることができる。

これに対し、単一のコーホート内部でのライフコース・パターンの層化をみるのが、コーホート内比較である。たとえば性別による差異や社会階層による差異など、同一の社会構造内を同一速度で歩んでいるなかでの差異を特定する方法である。このことは、同時に社会構造の層化システムへの接近にもつながる。この場合、コーホートは、時代コンテクストを統制するための手段といってよい。

たとえば、図10は、男性の稼得役割に関する意識をコーホート間・コーホート内比較した例である。二〇〇三年に実施した「全国家族調査」（NFRJ03）で、「家族を（経済的に）養うのは男性の役割だ」という意見に「そう思う」「どちらかといえばそう思う」「どちらかといえばそう思わない」「そう思わない」の四段階で回答した結果を、一九二六年から一九七五年出生まで五年幅の一〇コーホート、男女でみたものである。コーホート間で比較すると、出生年が先行するコーホートほど「そう思う」の比率が高く、最年長コーホート男性で五二％を占める。これに対し、最年少コーホート男性では三二％にとどまる。「どちらかといえばそう思う」とあわせた比率でも八八％と七三％と開きがある。また同一コーホート内で比較すると、いずれのコーホートとも、女性よりも男性に賛成の比率が高い。最年少コーホートではすでにみたように男性では三二％であるが女性は一八％にとどまっている。一般に夫婦の年齢差を三年程度と考えるならば、夫婦内でもこうした意識についてのズレがある可能性が高い。稼ぐ立場にある男性は、「これこそ自分の役割だ」と意気込み、対する女性は必ずしもそう考えていない場合もあるのだ。

図10　稼得役割責任についての賛否

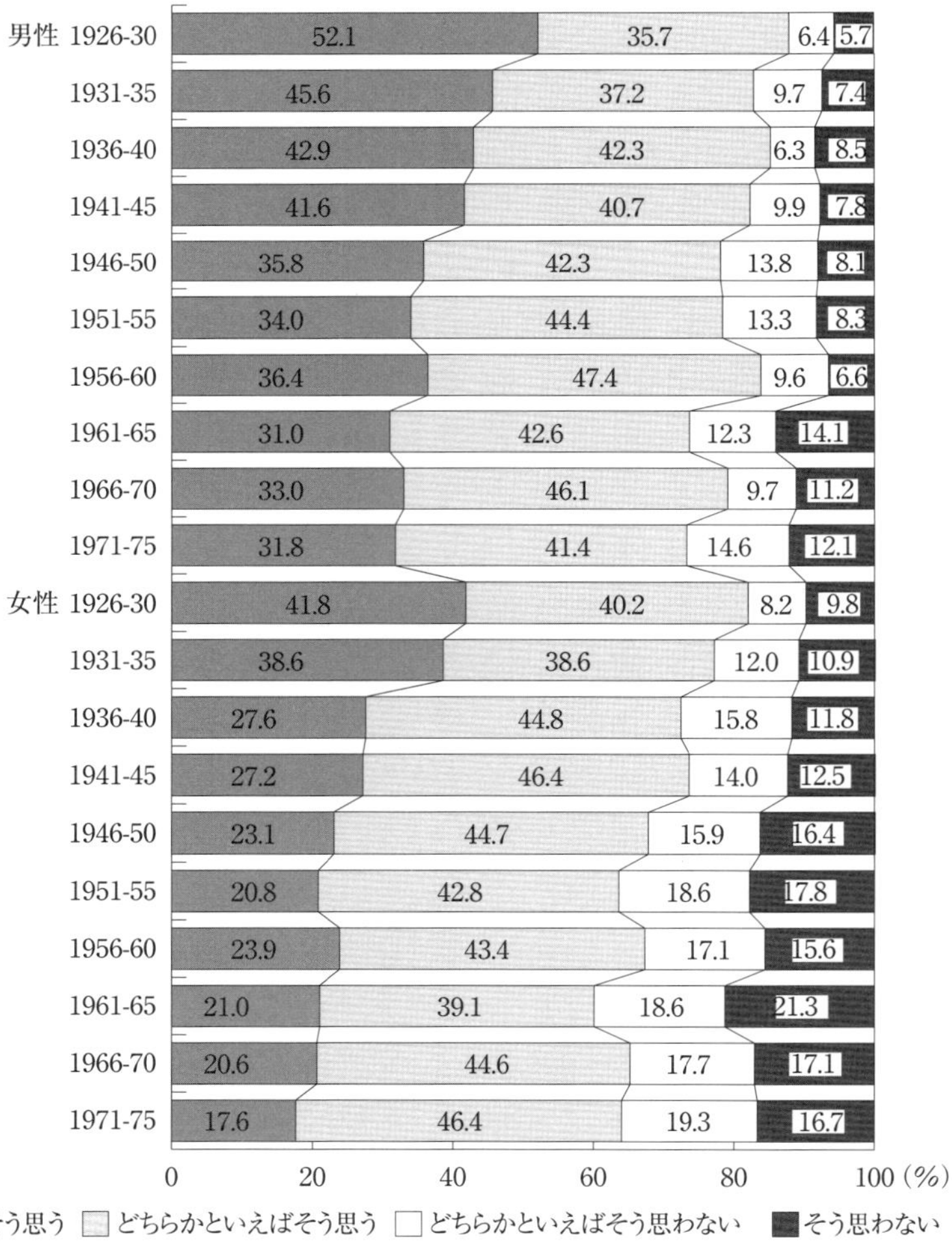
男性 1926-30
1931-35
1936-40
1941-45
1946-50
1951-55
1956-60
1961-65
1966-70
1971-75
女性 1926-30
1931-35
1936-40
1941-45
1946-50
1951-55
1956-60
1961-65
1966-70
1971-75
52.1 35.7 6.4 5.7
45.6 37.2 9.7 7.4
42.9 42.3 6.3 8.5
41.6 40.7 9.9 7.8
35.8 42.3 13.8 8.1
34.0 44.4 13.3 8.3
36.4 47.4 9.6 6.6
31.0 42.6 12.3 14.1
33.0 46.1 9.7 11.2
31.8 41.4 14.6 12.1
41.8 40.2 8.2 9.8
38.6 38.6 12.0 10.9
27.6 44.8 15.8 11.8
27.2 46.4 14.0 12.5
23.1 44.7 15.9 16.4
20.8 42.8 18.6 17.8
23.9 43.4 17.1 15.6
21.0 39.1 18.6 21.3
20.6 44.6 17.7 17.1
17.6 46.4 19.3 16.7
0 20 40 60 80 100（%）
そう思う　どちらかといえばそう思う　どちらかといえばそう思わない　そう思わない

資料）全国家族調査，2003年
出所）嶋﨑（2006）より転載。

図11　3つの効果のモデル

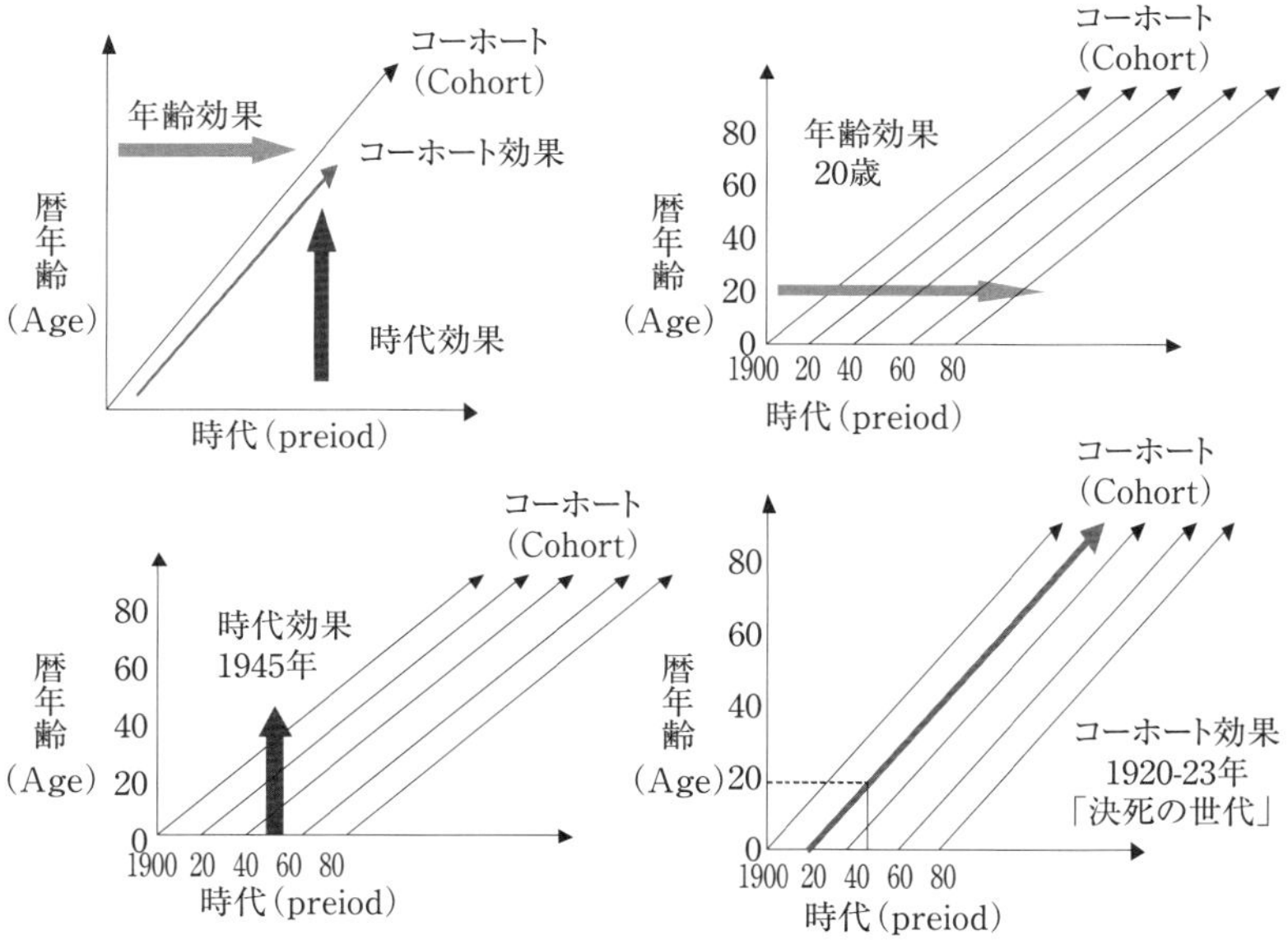

A-P-Cを用いて整理すると、社会変動と人間発達の記述に、三種の効果を識別することが可能になる。すなわち図11のような年齢効果、時代効果、コーホート効果である。順にみていこう。年齢効果は、特定の年齢段階による効果である。いずれの時代でも、いずれのコーホートでも二十歳のときには、若者は将来の進路選択に悩む。選択

肢を幅広く、かつ漠然と抱く状態から、しだいに具体的な方向へと関心を結晶化していく過程にある。こうした現象は、年齢効果の一例である。これに対して、時代効果は、特定の歴史的出来事との遭遇によって、複数のコーホート、すなわちその出来事との遭遇時に異なる年齢であっても共通にみられる現象をさす。たとえば戦争体験は、どのコーホートの者にとっても、物理的にもっとも飢えていた時期であり、経済的にも困窮した時期である。一方、特定の歴史的出来事に特定の年齢で遭遇することによる効果がコーホート効果である。一章に示した「決死の世代」は、まさに一九四〇年代前半に二十歳前後であったことによる結果である。また、歴史的出来事にとどまらず、たとえば、これまでみてきた就職活動の進捗状況の差異も、卒業年コーホートによる効果の好例である。

第四章

ライフコースの要素 ②

一　第四の道具——世代

前章でライフコースにおける三つの時間として社会時間、生涯時間、家族時間を示した。このうち第三の時間である家族時間は、集団あるいは関係性としての家族過程をさし、ファミリーステージ（家族段階）として観察される。具体的には、個人の家族内での位置の変化とそれにともなう役割の変化である。家族時間は、年齢とは別個の次元で、ライフコースの要素となる。「個人が取り込まれている家族的な関係の多様性は、ライフコースを通じて変化していき、それにともなって、個人のさまざまな役割移行が異なって時間づけられる」（ハレーブン　一九八七）。

個人は家族を介して社会的な出来事に遭遇することもある。そこでの出来事の経

家族過程
集団としての家族が加齢していく様相を動的にとらえる視点をさす。家族を静態的にとらえることの批判から登場した。個人のライフコースを考える際に非常に有効な視点である。すなわち、個人の発達過程というマクロな現象とそこに影響をあたえる家族というメゾ水準での発達過程とを意図的に識別することで、両者の発達過程を正確に描出することが可能になる

図12　世代と年齢

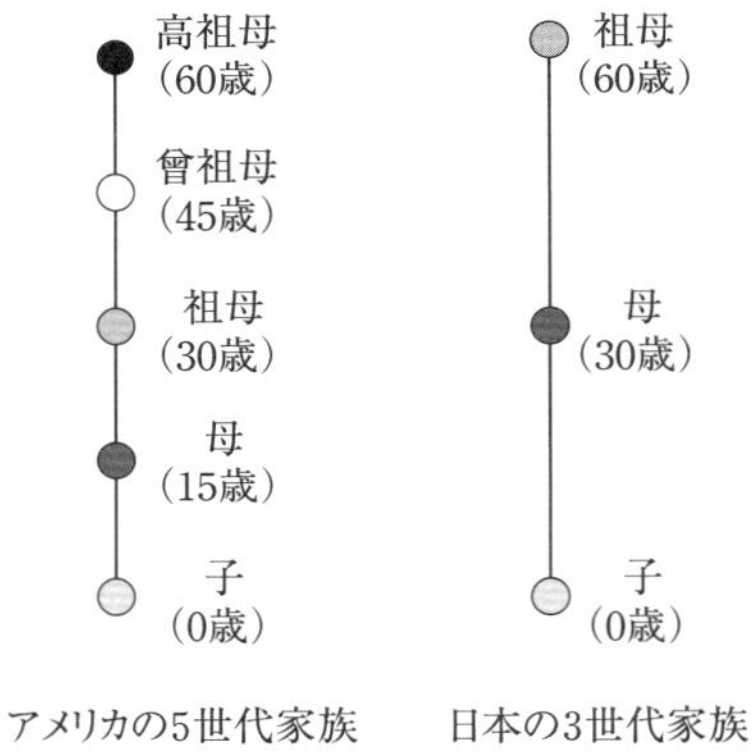

験の仕方は、同一家族に属していても、家族内での位置によって異なるのである。

家族時間を具体的に観察する道具が、世代である。第三の道具であったコーホートは、日常的には「世代」という用語があてはめられる。しかし、「世代」(generation)という用語は、日常的にもまた社会学の専門用語としても多義的に用いられている。ここで整理しておこう。カール・マンハイムは、同時代の共通事件や生活内容をもつ諸個人を「同一世代に属する世代状態にある」とし、さらにその状態が他世代へ浸透することで世代関連が生じるとした。この意味で用いられた世代概念は、われわれの用いるコーホート概念に近い。また、社会構造上の特定の位置を占める人びとを指す際に、世代が用いられることがある。「新人類世代」「携帯電話世代」あるいは「若年世代」「高齢者世代」のように、それぞれの時代における相対的位置、年齢構造上の位置をさす場合である。

これに対して、親族構造上の位置を示す世代がある。「親世代」「子世代」である。ライフコース研究では、コーホートとの対比から、世代概念を、親族構造上の位置

アメリカの5世代家族

　アメリカのマイノリティ・グループでは、ティーンエージで妊娠・出産する女性が増加している。そうした行動傾向が世代間で継承され累積した結果、多世代家族が出現している。五世代家族が、可視化され、研究観察対象の一カテゴリーにもなっている。

　図12のように15歳での出産が世代間で累積した結果、60歳で高祖母の位置にまで世代が深化している。ただし、死亡率も高いため、六世代の出現は稀れである。

　貧困の女性化の観点からも注目されている

図13　ライフコースの軌道の3次元の空間的配置（Elder, G.H. Jr., 1987）

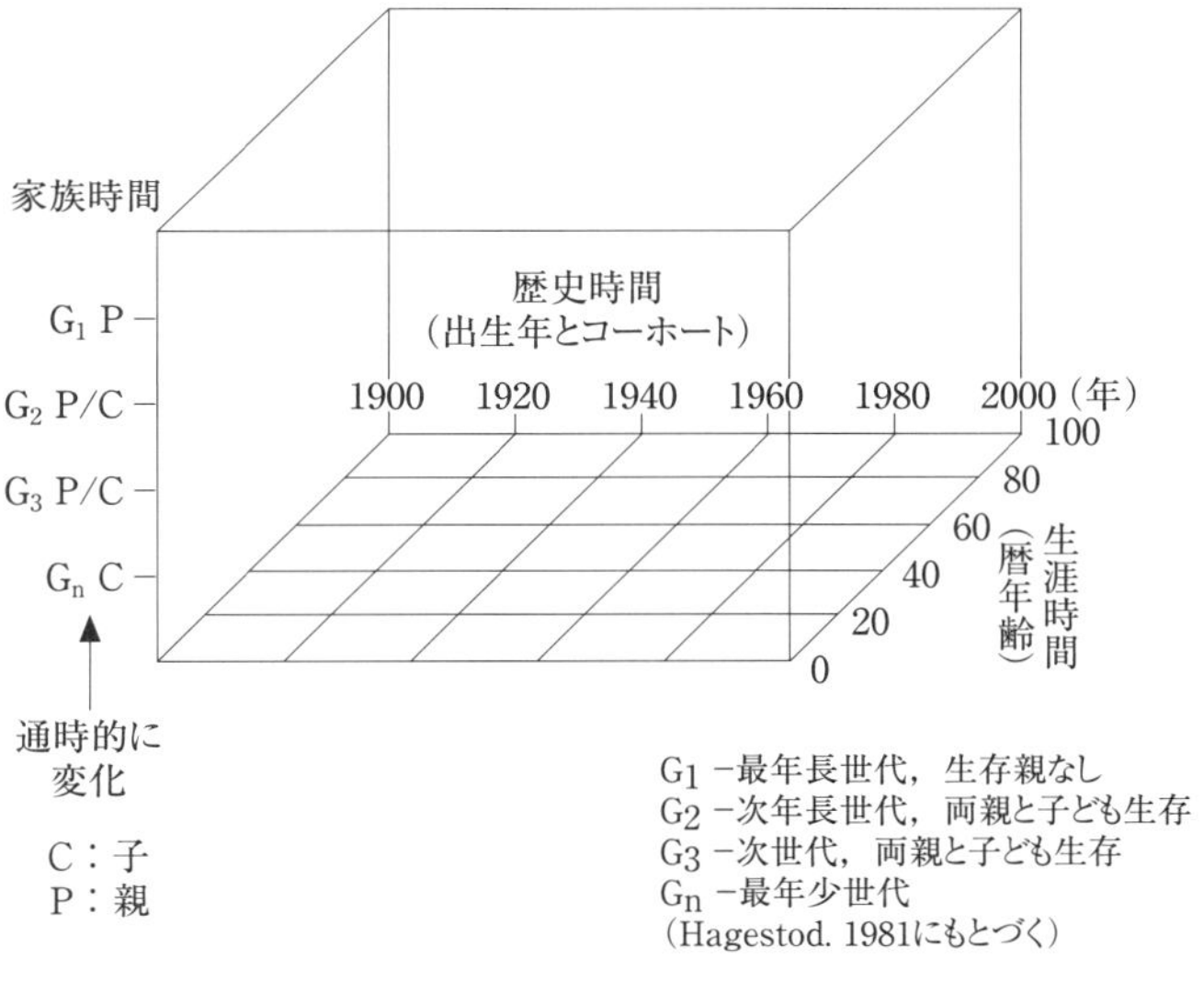

出所）嶋﨑（1998）より転載。

として用いる。そうすることで、世代と年齢を明確に識別することが可能となる。つまり、家族関係における位置を年齢を考慮せずに観察することができる。実際、世代と年齢は、図12に示すように一致しない。

　最後に、三つの時間、社会（歴史）時間、生涯時間、家族時間を空間的配置すると図13のようになる（嶋﨑　一九九八）。

平均初婚年齢
当該年に発生した初婚カップル（夫・妻とも初婚）の平均年齢であり、厳密には平均婚姻年齢という。平均値であるので、当然、高年齢の影響を受ける。
一般に平均初婚年齢の上昇が晩婚化の指標として用いられる。二〇〇五年平均初婚年齢は男性三一・七歳、女性二九・四歳と、二〇〇〇年と比較して、男性一・三歳、女性一・二歳上昇している（『人口統計資料集』二〇〇七表6−12）

二　第五の道具──タイミング

さて、三つの時間を用いて、役割移行の方向性、程度、速度を知るためには、ライフイベントの「タイミング」（timing）（あえて和訳するなら時機）をとらえることが重要である。第五の道具がタイミングである。タイミングは、年齢と社会時間とコーホートがぶつかりあう交差点をさすが、具体的にはライフイベントを「いつ」経験したかを観察することでとらえられる。ここではタイミングを広義にとらえている。むろんライフイベントを経験した年齢がタイミングの重要な指標であるが、そのほかにも、先行するイベントとの間隔や順序、そして先行状態の持続期間もその指標として重要である。結婚のタイミングを例にみていこう。結婚というライフイベントのタイミングとしてもっともよく知られているのは、平均初婚年齢であるが、ライフコース研究では、通常、コーホートごとに結婚年齢の代表値やばらつきをとらえる。たとえば「戦後日本の家族の歩み調査」（NFRJS01）によると、一九六五−六九年出生コーホート女性では、八七・四%が二〇〇一年までに結婚を経験しているが、その経験年齢は十六歳から四十六歳にまで広がっている。これを四分位数でみると、二五パーセンタイルが二十四歳、中央値二十六歳、七五パーセ

分位数

記述統計量のうち、全ケースを昇順にならべて、全体を分割する際の区切りになる値。四分位の場合、第1四分位（Q1、25パーセンタイル）、第2四分位（Q2、50パーセンタイル・中央値）、第3四分位（Q3、75パーセンタイル）の3つの値が算出される。第2四分位数が中央値となる。第3四分位から第1四分位の差が、**四分位範囲QR**であり、観察集団の半数（50%）のばらつき程度を示す

ンタイル値二十九歳である。すなわちこのコーホートで結婚が早かった者は二十四歳までに結婚しており、二十六歳までに半分に達する。そして四分の三が結婚したのは二十九歳までであった。見方をかえると、二十四歳から二十九歳までの六ヵ年にこのコーホートの半数が結婚を経験したことになる。二十歳代後半に適齢期があった。このコーホートでの標準的な経験が二十歳代後半であるともいえる。

結婚が発生する確率はどの年齢でも一定というわけではない。経験しやすい年齢、あるいは経験しにくい年齢がある。経験しやすい年齢での結婚が標準的な経験となるが、それを知る手がかりとして、特定の位置や状態での持続期間（duration）が重要となる。未婚状態がどれほど持続すると経験しやすく、反対にしにくくなるのか。図14は、「戦後日本の家族の歩み調査」での一九六〇年代出生コーホート女性の結婚の発生確率をみたものである（正確には未婚状態の生存分析）。二十歳までは未婚状態が維持され、その後結婚が発生するが、二十五歳から三十歳までの曲線の傾きが大きく、この時期に発生しやすいことをあらためて確認できる。しかし、三十歳、さらに三十五歳をこえると結婚の発生確率は非常に小さくなり、未婚状態は高い確率で継続する。こうした指標も、コーホートの結婚タイミングについて豊かな情報を与えてくれる。

さて、いつ結婚するかの決定は他の社会的役割の状態を考慮に入れてもなされる。

図14　初婚の発生確率（未婚率の低下）（1960-69年出生コーホート女性）

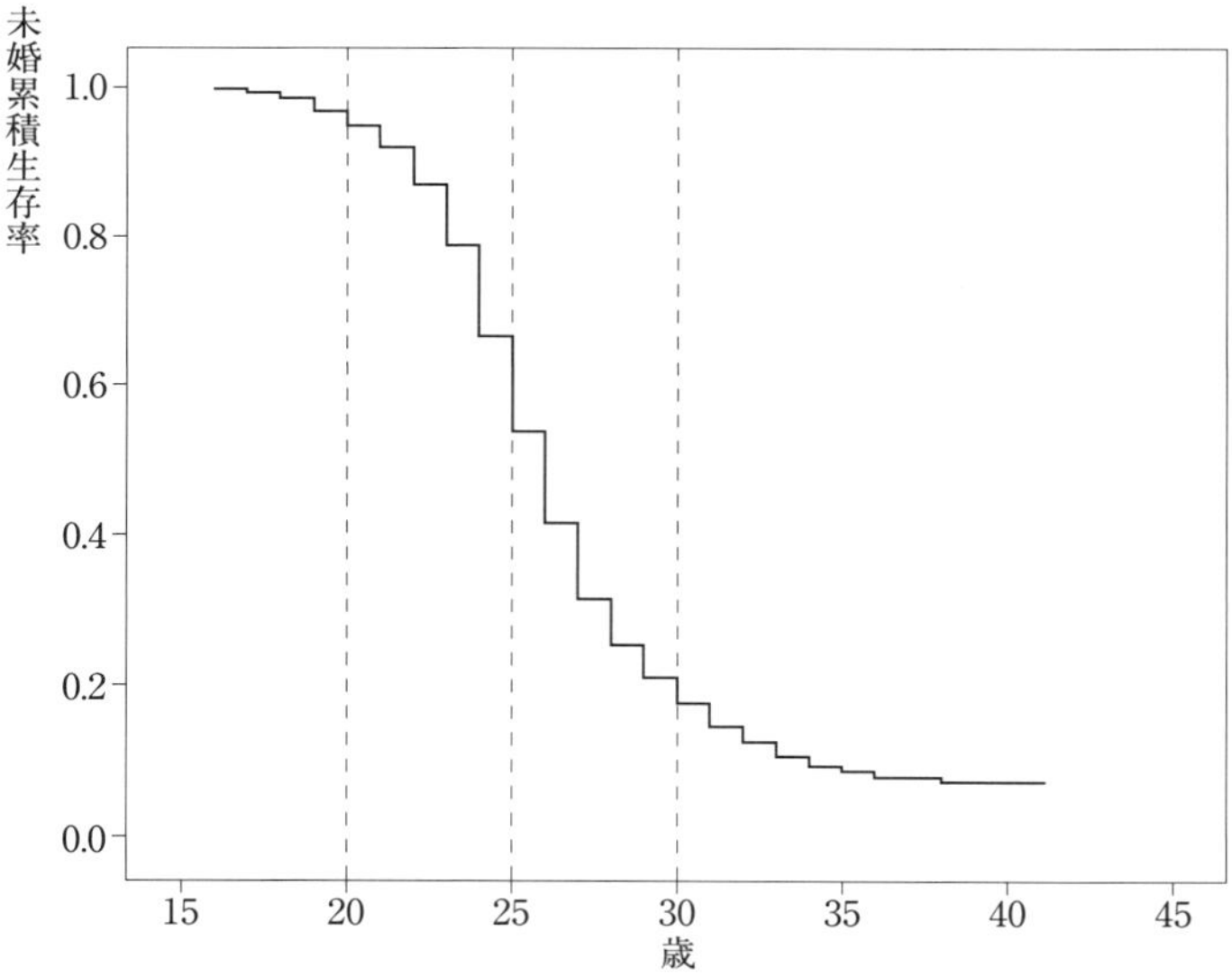

出所）「戦後日本の家族の歩み調査」より作成

適齢であっても学生である場合には、その結婚は抑制されやすい。学校卒業が結婚より前に経験されている必要があるのだ。これがライフイベントの順序（order）である。また、就職して間もなかったりする場合も抑制因となりうる。就職して（社会人になって）からどれほど経過したのかが問題になる。これがライフイベント間の間隔（spacing）である。これらの指標からもわかるように、ライフイベントのタイミングは、年齢、歴史的出来事による社会変動からの統制、先行するライフイベントからの累積的効果を受けるとともに、家族時間との共時性もはかられていく。

三　第六の道具―重要な他者

タイミングにおける家族時間の共時性とは、他の家族成員の移行のありようが、本人の移行タイミングに影響するということである。たとえば、子どもの巣立ちの進行は、父親の職業生活からの引退のタイミングに影響をあたえる。父親が定年退職をむかえた時点で、すべての子どもが結婚して独立している場合には、父親にとって経済的負担は小さく、仕事をいつまで続けるのかはかなりの程度父親の選好によって決められるだろう。しかし、まだ子ども全員が学生である場合には、経済的負担から父親は仕事を続けざるをえないだろう。このように、子どもの巣立ち、すなわち成人期への移行過程の進行が、父親の職業からの引退すなわち、高齢期への移行過程のタイミングの重要な因子となっているのだ。嶋﨑（一九九四）の分析では、近年の晩婚化を反映して、父親にとって子ども全員が就職している状態が、巣立ちのメルクマールとなっている。このように、家族を中心とした重要な他者のライフコース移行は、タイミングを説明するうえでの独立変数として作用する。さらに家族時間の視点を拡張するならば、組織や友人といった所属集団のメンバーの役割移行からも影響を受ける。

他方で、移行の方向性（生き方の指針）に影響を与える他者の存在も重要である。個人は、周囲の他者からの期待を受けて、移行の方向を決定することも多い。また、相互作用はないものの、「あこがれの人物（スター）」の生き方を自分の人生の道筋にすえる場合もある（たとえば「ビル・ゲイツの生き方に影響を受ける」など）。社会学の中心的概念のひとつである重要な他者である。ライフコース研究では、この概念に時間的側面を加えた概念として、「コンボイ」（convoys）を用いる。「道づれ」とも訳すが、文化人類学者プラース（Plath, D.）が『日本人の生き方』のなかで、重要な分析道具として使用した概念である。コンボイとは、プラースの表現では、「ある人の人生のある段階を通じてその人とともに旅をしていく親密な人びとからなる独特の集団」（傍点は引用者）あるいは「あなたの存在と成長の道程を検討し確認するために特別陪審員として選任された人びと」である。ここでいう「独特の」には、いくつかの特性がある。第一に、コンボイと個人は、相思相愛ではない。あなたのコンボイであっても、あなたがその人のコンボイであるとは限らない。第二に、コンボイは集団ではあるが、あくまでもあなたを中心としたネットワークで、コンボイのメンバー同士は必ずしもお互いをあなたのコンボイとして認知していない。コンボイが一同に会すのは、皮肉なことに本人の葬式のときとなる。それ以外では結婚式などもその機会になりうる。第三には、コンボイのメンバーは固定していない。メンバーの出入りがある。一番長くコンボイでありつづけるのは配偶者とされているが、現在では親子関係の長期化から、親も半世紀以上コンボイである可能性が高い。

図15　コンボイの仮説的な一例

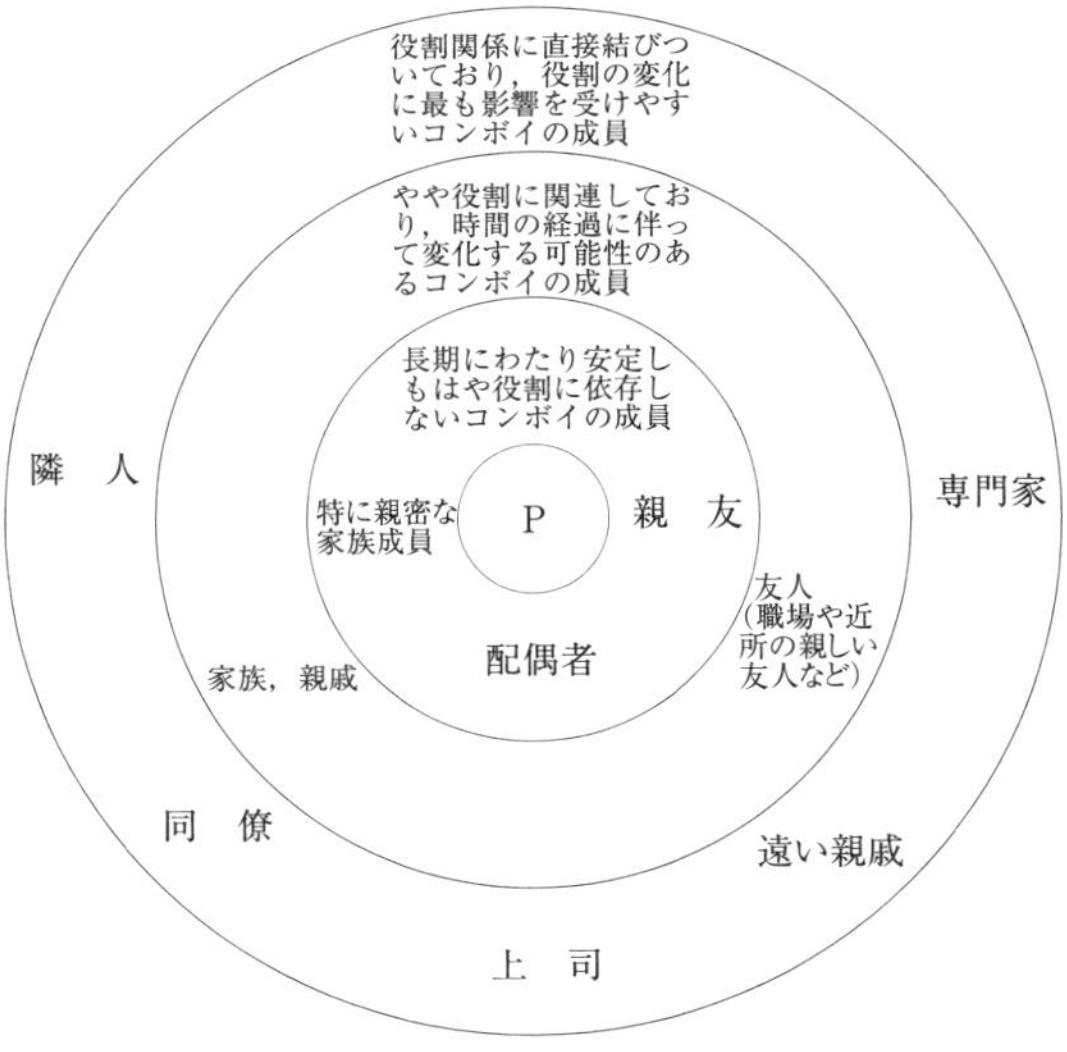

出所）カーンほか(1993)図 2－2 より転載。

図15は、カーン(Kahn, R.L.)がプラースの概念を展開して、仮説的にコンボイの構造を示したものである。円中央には、「Pにとってきわめて親密な人びと」が含まれ、その中心は配偶者である。「彼らは重要な支えの提供者として認識されている」。

プラースによれば、個人は、社会・文化的に用意されたライフコースの「道筋」を参考にする一方で、内面では「持続的な自己イメージ」を持ち続けながら、人生移行を進んでいく。そうした外的な志向性と内的な志向性との橋渡しをする機能をこのコンボイは担っている。

四　第七の道具――人間行為力

第一章で述べたように、ライフコースは、種々の外的要因からの影響を強く受ける。しかし、一方で、「それまでにどのような経験をしてきたか」という累積的な効果や、個人の能力や努力、意図も作用する。とはいえ目標にむけてひたすらに努力を積めば成功へとつながるわけではない。実際には、外的要因との相互作用のなかで、個人がみずからの人生軌道をデザインしそれを追求する能力が求められる。この能力が人間行為力（人間の潜在的行為実行力）（human agency）である（Shanahan and Hood, 2000）。人間行為力そのものは、個人にのみ内在するものではなく、集団や組織にも内在する（Shanahan and Elder, 2002）。しかし、ここでは個人の水準に限定して考えよう。

この概念は心理学を中心に発達してきたが、近年ライフコースの社会学のなかでも注目されるようになり、経験的観察が蓄積されつつある（Shanahan, Hofer and Miech, 2003）。たとえば、クローセン（Clausen, 1991）は、人間行為力を「計画的能力」（planful competence）という測定可能な概念に演繹し、縦断データを用いて、個人の行為の結果にみられる個人差を説明している。「計画的能力」とは、みずからの人生上の計画にのっとって職業や配偶者を選択し、そのタイミングを決定する力で、個々人が有するものである。この概念は、「なぜある人びとは特定の職業的目標を選択するのか。また自分の配偶者に、特定の職業的能力や関心をもった人を選んだり、自らの個人属性に適した職業をもっている人を選ぶのだろうか。他方で、他の人たちは、なぜそうした選択しないのだろうか」という問いに対して、有効な個人間の差異を示唆するものである（Shanahan and Elder, 2002）。クローセンは、計画的能力を「各人の目標や価値観、強さにもっとも適した社会的慣行を選択する能力や才能」（Clausen, 1991）と定義し、三次元からとらえている。知的投資（intellectual investment）、自信（self-confidence）、信頼性（dependability）である。まず知的投資とは、自己に対する内省性と自己認知能力、そして環境選択能力からなる。自己と文脈とを関連づけ、そのなかで自己を冷静に観察し、必要に応じて計画自体を変更する能力をさしている。これに対して、自信は、自己に対する信頼感であり、これは他者との相互作用を容易にする作用力をもつが、それ以上に重要なのは、自己のうちに生じる消極的あるいは否定的感情をコントロールし、積極的・肯定的感情を促進し、社会的行為の有効性の増大を促進する。そして、信頼性は、計画性を維持するにあたっての動機づけとなるもので、自信と同様に、社会状況における行為の有効性を高める。

さらに、重要な点は、人間行為力は文脈のなかで発達的に変化することである（Crockett, 2002）。人間行為力の効果は遡及的に観察できるものではなく、追跡的観察からその効果やライフコースの形成全般にわたる累積的効果をとらえることができる。というのは、人間行為力それ自体が、社会的環境、状況に応じて発達的に変化するためである。個人と社会環境・状況との継続的な相互作用の結果が発達であり、累積的な人間行為力を発達させていくのである。目標を明確にもった青年は、ますますその目標を鮮明にし、癇癪もちは、ますます癇癪を大きくしていくのである。

五　ライフコースの構成要素

これまで七つの道具を紹介してきたが、それらを整理するひとつのヒントとして、エルダーによる「ライフコースの四つの要素」を用いよう。図16にあるように、ラ

図16　ライフコースの４つの要素

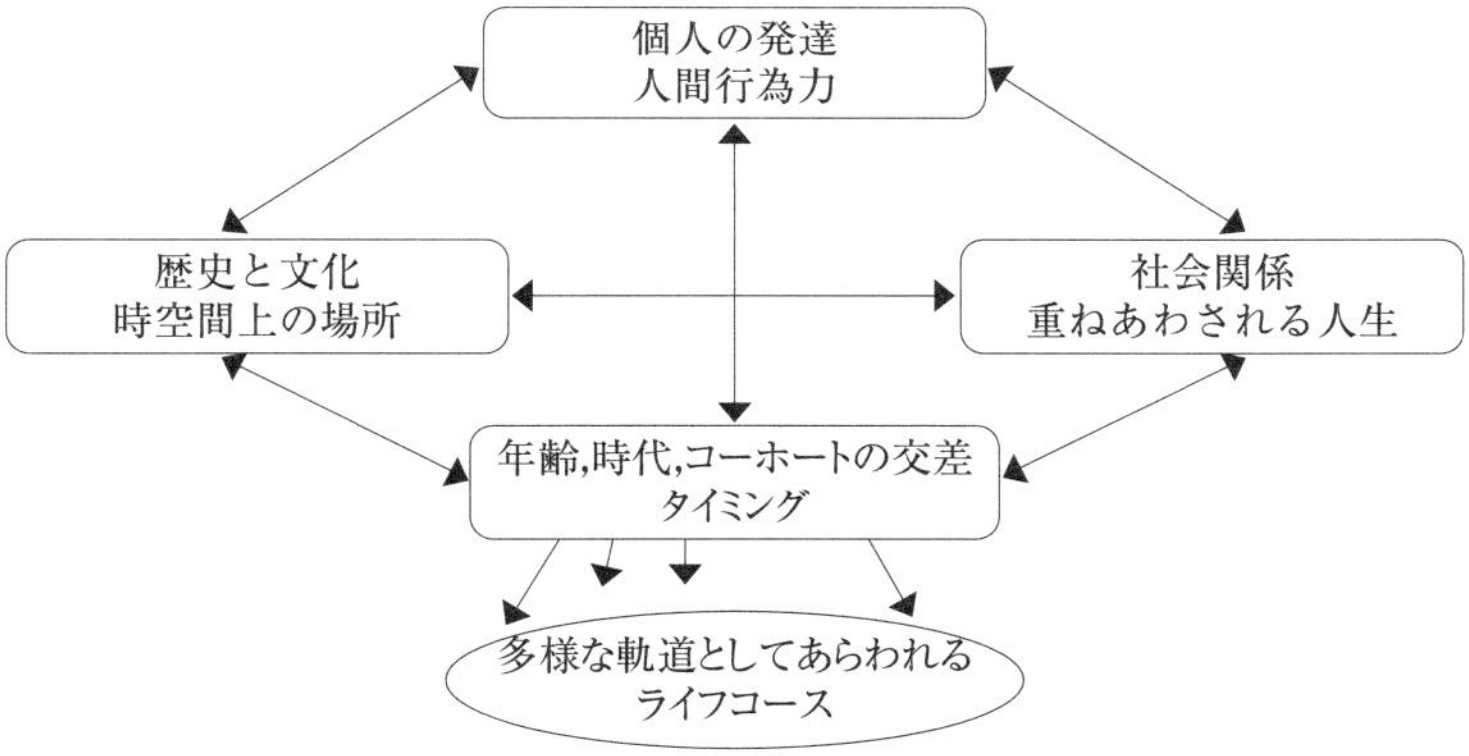

出所）エルダー・ジール（2003）図１－１を転載（詳細未記入）。

イフコースは、第七の道具であった人間行為力という個人水準の作用力、そして、個人にとってメタ水準にある重要な他者との共時性によって具現化される「重ねあわされる人生」という力（第六の道具）、マクロ水準の「時空間上の場所」（第二の道具である年齢や第三の道具であるコーホート）による作用からなる。これら三水準での相互作用の結果、役割移行のタイミングとして具現化し、社会的パターンとして観察できる。次章では、その観察方法や研究例をみていこう。

第五章

ライフコースをどう観察するか

一　時間情報を含むデータ

変動する社会と加齢する個人、そして家族や組織の時間、これらの過程をとらえる際に利用するデータは、固有な特性をもっている。それは、時間情報を含んでいることである。図17は、五〇〇人のグループにおける二〇〇五年と二〇〇七年の二時点での就業・失業者数を示した架空データである。上の図をみると、二〇〇五年では三五〇人が就業しているが、二〇〇七年には三〇〇人へと減少している。全体で五〇人の移動があり、五〇〇人のグループの一〇%が変化したと読み取れる。この間の就業状態は全体として安定していたと判断できる。しかし、個人水準の移動をみると反対の結果となる。下の図では、個人水準の二時点間の就業・失業の移動

図17　ネット変化量とグロス変化量（架空データ）

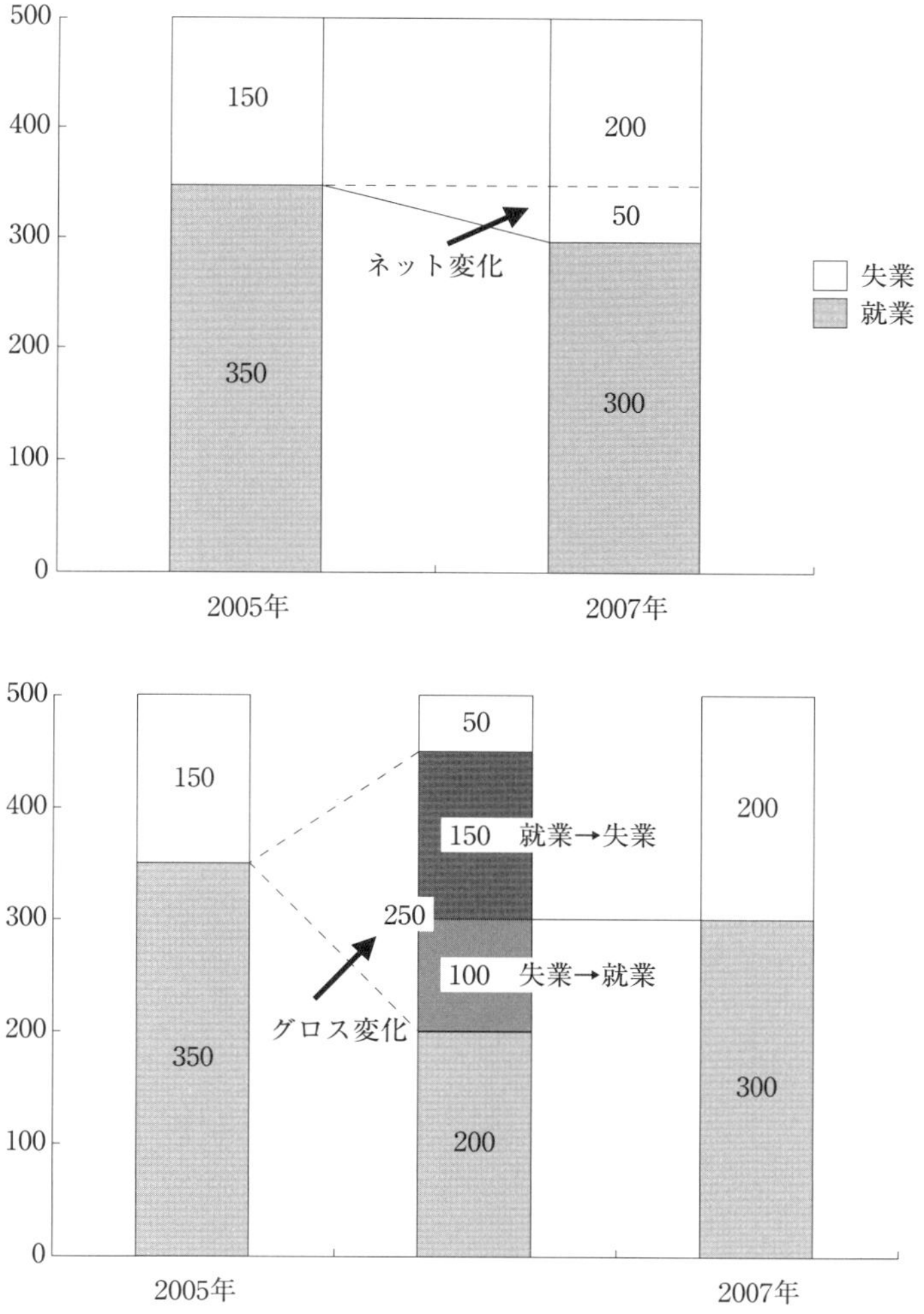

に関する情報を含めて示している。これによると、「就業から失業へ」移動した人が一五〇人、反対に「失業から就業へ」移動した人が一〇〇人であり、合わせて二五〇人がこの間に就業状態を変化している。五〇〇人のうち五〇%にあたる。個人水準でみた場合、全体でみるよりも二〇〇五年から二〇〇七年での就業状態が不安定であったことがわかる。前者のような集合体水準での変化量をネット変化量（純変量）といい、後者の個体水準での変化量をグロス変化量（総変量）という。ライフコース研究において知りたいのは、グロス変化であることはいうまでもない。時間の経過にともなう個体水準の変化や持続に関するデータを収集することは容易ではない。具体的にみてみよう。

たとえば、大学卒業から就職、そして家族形成という「大人になっていく」時期（「成人期への移行過程」）を観察するとしよう。新規学卒就職者の離職率が高いことが、近年問題視されている。どういう人が初職を継続し、どういう人が辞めるのかを観察する場合、どのような方法が考えられるだろう。主要には次の三つの方法がある。第一に、三十歳時点で、大学卒業からのキャリアを回顧してもらい履歴データを作成するという方法がある。これが第二章でもふれた遡及法によるライフヒストリー・カレンダー調査である。第二に、大学卒業時点から定期的に調査を繰り返して、同一個人がどのようなキャリアを辿るのかを記録するという方法がある。

これが追跡法によるパネル調査である。そして、第三に、すでに記録された履歴書や企業の勤続記録などから、個人のキャリアを復元するという復元法によるライフコース調査がある。この三種を観察者と対象との時間的位置で整理すると、図18のようになる。実際のライフコース研究では、対象や調査条件を考慮して、いずれかの方法を採用するか、場合によっては複数の方法を組み合わせて調査していく。

図18　ライフコースデータの収集法

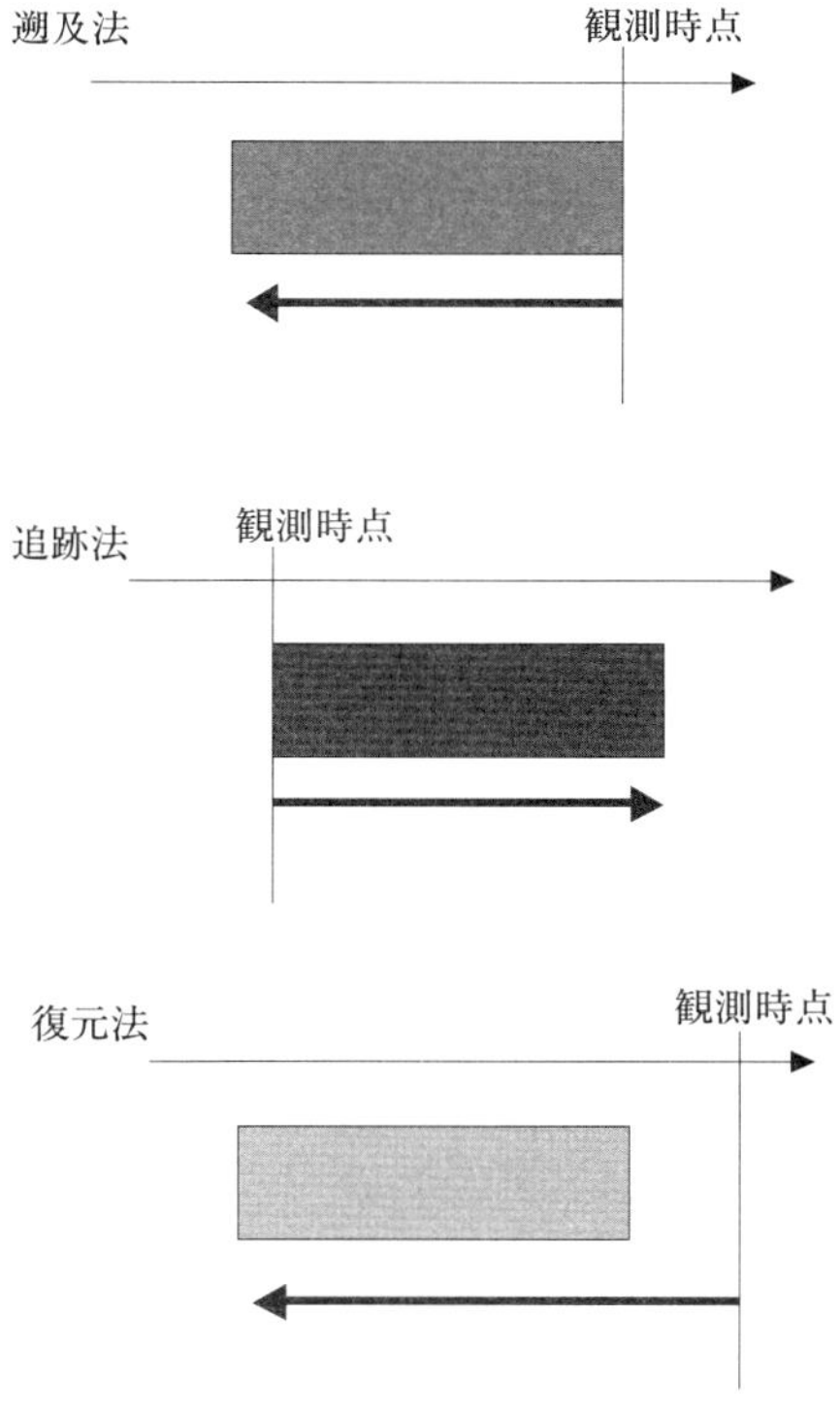

二　追跡パネル研究

このうち、個体水準の持続や変化を多側面から把握できる点ですぐれているのは、追跡パネル法（「縦断調査」ともいう）である。以下では、その例をいくつか紹介しよう。

パネル法は、量的パネル調査と質的パネル調査に大別できる。量的パネル調査の代表例は、「全国子ども発達調査」（英国）や「21世紀出生児縦断調査」（日本）である。このうち、厚生労働省が実施している「21世紀出生児縦断調査」（承認統計）は、日本で官庁が実施した最初のパネル調査である。21世紀に生まれた子ども（二〇〇一年一月十日〜十七日、七月十日〜十七日に生まれた子ども五三、五七五人）全員を数年間にわたって追跡し、その養育過程をみようというねらいで始められた。保育者、同居者、就業状況、労働時間、父母の家事・育児分担状況、住居の状況、子育てで意識していること、子どもをもってよかったと思うこと、子どもをもって負担に思うこと、子育ての不安や悩みの有無、授乳の状況、収入の状況など一五問を郵送調査でたずねている。むろん子ども本人は回答できないので、主たる保育者が回答している。二〇〇一年から毎年実施されている。現在、第六回調査結果まで公表されている。これは典型的な量的パネル調査である。こういった大規模な調査は、費用やマンパワーからすると、官庁などの機関でなければ実施不可能である。ちなみにこの調査のモデルとなっているのは、五十年ほど前から実施されている英国の「全国子ども発達調査」（National Child Development Study・略称ＮＣＤＳ）である。一九五八年に生まれた子どもたちを現在まで追跡している調査で、英国の政策立案等に活用されている。「21世紀出生児縦断調査」も子どもたちの発達過程や行動を個体水準でみることで、少子化対策などの政策立案での活用がめざされている。

本書のねらいからは少しはずれるが、この調査の知見のひとつを紹介しておこう。出産前後の母親の就業変化に関するデータである。図19は、第二回調査結果報告書から引用したものだが、これまで事実とされてきた状況とはずいぶん異なる結果であった。「働く女性が増えた」とか、「働く母親が増えた」「育児休暇を取得して子育てをしながら仕事を続ける女性が増えた」といわれているが、実際には、新しく母親になった女性の四分の一にすぎないのだ。確かに、出産一年前には四分の三の母親が「有職」であった。しかし、出産半年後にもそのまま継続している母親は、母親全体の二四％にまで減少している（むろんこのなかには育児休業中の者も含む）。また、新たに有職になった者はわずか〇・八％である。この傾向は、その一年後（子どもが一歳半のとき）でも大差ない。このように、子どもの出生直後の母

図19　1年前に子どもが1人だったの母の就業状況の変化

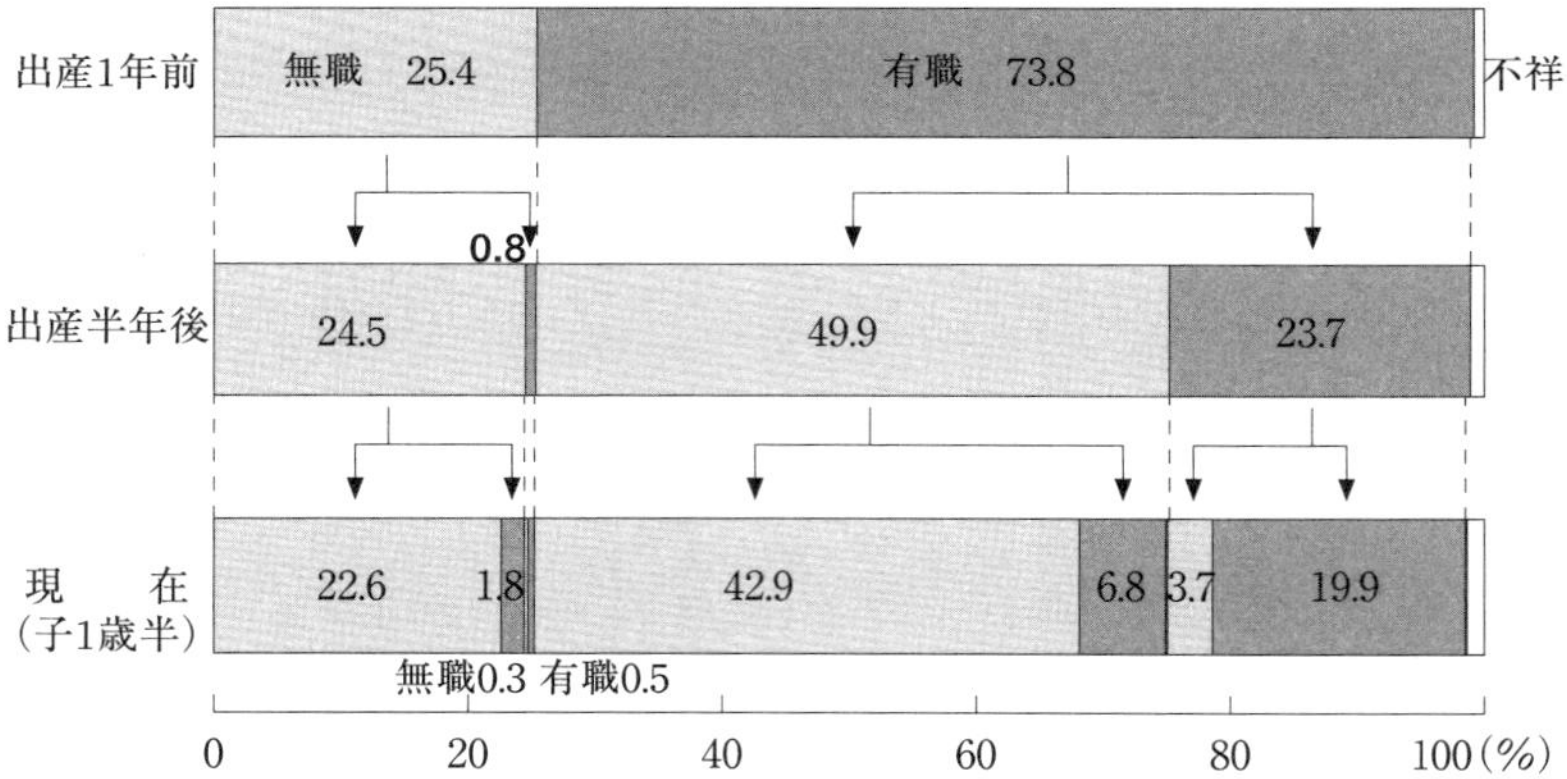

出所）『第2回21世紀出生児縦断調査報告書』（2003）図2を転載。

親の就業状況はきわめて低いのが現状である。

量的パネル調査に対して、規模は小さいが、問題発見的に個体を追跡するパネル調査が、質的パネル調査である。たとえば、もっとも古いパネル調査は、アメリカのスタンフォード大学が実施している「ターマン研究」である。この研究は、IQ（知能指数）を開発したルイス・ターマン（Terman, L.）博士が、IQがすぐれて高い子どもたち（IQ一三五以上の男女）が、どのような人生をたどるのかという関心からはじめたもので、追跡の開始は一九二一年にさかのぼる（ちなみに日本ではこの前年に第一回国勢調査が開始された）。当時三歳から十九歳の八五七人の少年と六七一人の少女たちが対象者となって、一九二一年から一九九二年まで七十年以上にわたって延べ一三回にのぼる追跡調査が実施された。量的パネル調査と比較して、多方面にわたる情報を特定の個人に関して収集することができる。調査は主として郵送調査で実施されたが、新聞記事、両親へのインタビュー、配偶者への質問紙調査、対象者からの手紙や公的記録（出生証明書のみならず、なかには死亡証明書まで）などがデータとして集められた。とりわけ、対象者からの手紙は、質的データとして重要なものである。

このデータを用いて、ターマン男性にとって兵役経験がその後の人生にどのような影響をおよぼしたのか、について考えよう。このテーマは、コーホートに着目し、戦争を異なるライフステージで遭遇したことによって説明することができる。すなわち一九一一年以前に出生した年長グループと、一九一一～二〇年代に出生した若年グループである。具体的には、年長グループは、先行する時点でのライフコース経験で累積的な不利益を被りつづけた。彼らは、大恐慌の一九三〇年代にすでにキャリアを開始する時期にあったが、その不況期を教育を延長すること（高等教育へ進学すること）でしのぎ、キャリアの開始を先延ばしした。高い教育を得たものの、そのことは彼らの目標や動機づけには効果をもたらさなかった。彼らについては高学歴であることは、その後の人生での職業達成の予測には有効ではなかった。

対象的なのは若年グループで、彼らは大学在学中に第二次世界大戦に動員され、そこでの管理的役割によって戦後上昇移動することができた。年長グループも管理的役割を経験したのだが、かれらは戦後にその技術を活用するには、年齢が高すぎたのだ。また戦争体験は、職業生活のみならず家族形成においても年長男性に大きな中断や崩壊をもたらした。多くが離婚を経験している。年長の退役軍人のかなりの数が、戦後に戦前の収入水準まで戻ることはできなかった。また身体的負担も高く、死亡率も高い。このように、戦争や経済的恐慌との遭遇は、知能に恵まれた男性グループであっても、その影響が大きくかつ、いつ遭遇したかによって抗しがたい負の力を受け続けることになった（Shanahan and Elder, 2002）。この結果は、コーホート効果である。決して知的能力にすぐれた子どもたちが、みな幸福な人生、あるいは人生上の成功をおさめたのではない。

とはいえ、自分の人生を切り拓いていくのに意欲的な資質の少年たちは、中年期になって成功しがちであった。先にみた人間行為力の作用である。人間行為力によるライフコースの分岐である。ここでは、青年中期における計画性と成人初期における自己方向づけを用いて、中年期までの教育達成や社会活動の活発度を予測している。経済的崩壊や戦争による深刻な人生の中断をせまられた年長グループ男性では、青年中期ではなく、成人初期における自己方向づけがその後の教育達成と社会活動の活発さの予測に有意に作用していた。対照的に、そうした中断がなかった若年グループでは、青年期中期により計画的であるほど、教育水準が高く、さらにその後の人生において社会活動が活発であった。とはいえこのグループは、戦後の経済成長期にキャリアをスタートさせたので、青年中期の計画性にかかわらず成功することができた。しかし、年長男性は、成人初期での人間行為力が職業キャリアの再形成に際して、重要であった（Shanahan and Elder, 2002）。

二　多様なライフコース研究―学習の手引き

ライフコースの社会学では、時間情報を含んだデータと七つの道具を駆使しながら、実証研究を蓄積している。残念ながら本書では、紙幅の都合上、ライフコース研究の具体例を詳細に提示することはできない。そこで、以下では可能な範囲で具体的な研究成果を例示し、今後の学習の手引きとしたい。関心のある諸君はぜひとも研究成果を手にとって学習してほしい。ここでは六種に大別して紹介する。

第一に移行過程のメカニズムを包括的に観察し、説明する研究群がある。これらの研究は、前章で示したライフコースの四要素をほぼ網羅するモデルを採用している点で包括的である。具体的には、特定の移行過程や発達段階（たとえば、子どもの発達過程、大人への移行過程、高齢期への移行過程）に焦点をあて、特定のコーホートがどのような移行をたどるのか、あるいはコーホート間でどのような差異があるのか、コーホート内では性差や社会的格差があるのかなどが説明されている。前節で紹介した英国の「全国子ども発達研究」を用いたカックホフ（Kerckhoff, A.C.）の『分岐するパスウェイ』のように、量的パネルデータを用いる研究と、対象者を限定して質的に観察した質的パネルデータを用いた研究とがある。たとえば、筆者も参加している『からだ・心・つながりの発達研究』は、大学を卒業し、就職し、中年期へと移行する過程を、十年間にわたる追跡パネル調査を用いて観察したものである。

第二には、特定の歴史的出来事がライフコース・パターンにどのような影響をおよぼすのかに焦点をあてた研究群である。たとえば、エルダー（Elder, G.）の『大恐慌の子どもたち』は、一九二九年に起きた世界恐慌が、当時子どもであった者たちの子ども期の生活構造にどのような影響をおよぼしたのか、また幼い時期の貧困という不利益が、その後の彼らの生活構造にどのような影響をおよぼしたのかについて興味深い知見を得ている。

ハレーブン（Hareven, Tamara K.）の『家族時間と産業時間』は、二十世紀初頭に世界最大の生産を実現したアメリカの紡績会社の誕生（一八三八年）から倒産

（一九三六年）までの一世紀にわたる産業時間と、工場の基幹労働者であったフランス系カナダ人を中心とする移民労働者家族のライフコース、さらに家族成員のライフコース、この三者の相互作用が、産業時間の推移とともにどのように変容したのかを、当時の職員の就業記録（雇用者カード）からの復元法によるキャリアデータとその後のインタビューデータとを用いて、明らかにした研究である。

筆者らが実施している研究も紹介しておこう。『炭砿労働者の閉山離職とキャリアの再形成』研究は、一九七一年に閉山した常磐炭砿株式会社磐城砿業所の全従業員（職員・砿員四八〇〇名）が、閉山による強制的なキャリアの中断をどのように乗り越え、新たな職業キャリアを開始したのかを多角的に観察している。閉山三十年後に彼ら全員に追跡調査を実施し、その九割について現状を把握することに成功した。これらの研究は、人びとが特定の時空間上に位置し、特定の歴史的出来事と遭遇し、人生移行の方向や速度を変えていく様子に焦点をあてている。それぞれに固有の時代状況が組み込まれており、あたかも大河ドラマのようなダイナミックな多次元にわたる時間の進行が描かれている。

第三には、内的過程に焦点をあてた研究がある。第一章で紹介した森岡清美『決死の世代と遺書』や第四章で取り上げたプラースの『日本人の生き方』、クローセン（Clausen, J.）の『アメリカ人の人生』がある。このうち、『日本人の生き方』は、日本人の男女が、中年期に内的に成熟していく過程を、文化（道筋）、性格（持続する自己イメージ）、関与者（コンボイ）という三水準の概念を用いて実証的に解明している。具体的には、彼がインタビューした三〇名の男女のうち四名をとりあげ、それぞれの成熟の過程（実人生）と、日本でよく知られている小説の主人公（丹羽文雄『菩提樹』、石川達三『四八歳の抵抗』、谷崎潤一郎『細雪』、有吉佐和子『恍惚の人』）の成熟過程（フィクションの人生）とを組み合わせるという、ユニークな方法で編んでいる。そこからは、重要な他者たちとの「長いかかわり」をとおして成熟していく様子が見事に浮かびあがってくる（原著のタイトルは *Long Engagements*）。

第四の研究群は、国家や社会制度のあり方が、個人のライフコースに直接的にどのような影響を及ぼすのかに関する研究である。近年ヨーロッパを中心に進められている。ここでは、諸個人がライフコースにおける「主観的評価」としての人生に対する意味と社会構造との折り合いをつけていく過程に多大な関心がある。この点で、北米の研究者とは一線を画している。その代表例はドイツの「ブレーメン研究」である。こうした研究が登場した背景には、一九八九年ベルリンの壁崩壊、それに続く東西ドイツの統合、一九九一年ソ連邦の崩壊、一九九九年ＥＵの発足などヨーロッパ全域における国家、社会制度の激変があることはいうまでもない。また、一九七〇年代から八〇年代に進められたスウェーデンにおける子育て支援策の拡充とそれにともなう夫婦の福利改善を実証したモエン（Moen, P.）の『働く親たち』も興味深い。

第五には、特定の性質をもつ人びとの加齢過程を観察する研究群がある。前項で紹介した「ターマン研究」はその典型である。このほかにも興味深い研究として一九四〇年に開始された非行少年の教育、家族、そして犯罪に関する三十年間にわたる追跡データを用いたサムソンとローブ（Sampson, R. J. & J. H. Laub）の「少年非行研究」がある。このなかでは、成人期に形成される社会的紐帯がその後の犯罪行動を抑制する作用をもつことなどが明らかになっている。

最後に、過去の時代の人びとの生き方に関する研究をあげておこう。近世社会で作成された宗門人別帳は、当時の庶民の出生から死亡までのライフコースを、彼らが属していた家別に村ごとに全数で把握できる。歴史人口学の領域で開発された復元法のひとつである家族復元法を用いて、かつてのごく普通の人びとのライフコースが再構築されている。筆者も参加している「近世農民のライフコース研究」等をとおして、「かつては人生三十年であった」、「みな早くに結婚した」、「生涯を村のなかで生きた」など、われわれがある種ノスタルジックに事実としてきた見方が覆されている。

る人びとのライフイベントに関する公的記録（たとえば出生や死亡）を用いて、過去の家族を再構成する方法。たとえば、ある村で一〇〇年間に生じた出生や死亡、結婚に関する公的記録が残っていた場合、ある個人の出生登録に記載されている父親と母親と当人とを結びつけて「家族」とする。個々人の記録を家族的関係にある者として連結していき、一〇〇年間にわたる家族過程を復元していくことができる。この方法は、歴史人口学を中心に一九八〇年代から開発された。コンピュータが不可欠な作業である

第六章

現代社会における「大人になること」
――ライフコース論からの接近

一 画一化・規格化する移行過程
――「足並みそろえて大人になる」

現代日本社会では、「大人になる」ためにはどんな経験が求められているのだろう。ごく普通に考えれば、「学校を終えること」「就職すること」「親元から自立すること」「結婚すること」「親になること」……こういったイベントが期待されているだろう。こうした経験を経て、「大人」としての位置を獲得し、社会の正式なメンバーとしての権利を獲得し、義務の遂行が可能となる。社会的役割の取得と社会への参画が達成されるのである。本書第一章でふれたように、戦後日本は、未曾有の高度経済成長を達成したが、その過程で、「みなが足並みをそろえて大人になる」ことが実現した。その象徴として、親の社会経済的地位にかかわらずかつ性別にかかわらず、高校まで進学することが普及したことを指摘した。ここでは、具体的なライフコースデータを用いて、「大人になること」（すなわち成人期への移行過程）をコーホート間比較からみていこう。

まず、成人期への移行過程上のライフイベントとして、学卒、就職、結婚という三大イベントをとりあげよう。学卒は学生役割の喪失（教育キャリアの終了）のイベント、就職は職業役割の取得（職業キャリアの開始）のイベント、結婚は配偶者役割の取得（生殖家族キャリアの開始）のイベントである。この三つのイベントは、これまでの日本社会ではほぼ全員が経験してきた「標準的な」イベントである。しかし、その経験順序は、二十世紀に生まれたコーホート間でも大きく変化を示している。表5には、「全国家族調査98」による経験順序のコーホート間比較を示した。この表から、三つのイベント経験の順序は、年長のコーホートでは、「学卒↓就職↓結婚」という「標準的」パターンの比率が低く、男性でも八割にとどまっている。この比率は年長女性ではさらに低く、七割に満たない。年長女性の場合には、「学卒↓結婚↓就職」パターンが一九三五年出生コーホートまで三分の一を占めている。つまり未婚時の就業経験がないパターンである。しかし、戦後に成人期への移行を経験したコーホートでは、男性と女性とが同じように標準的パターンをたどるよう

表5　性別・出生コーホート別イベント経験順序パターン

(%)

	N	**標準的**	学⇒就⇒結	学＝就⇒結	**中間**	学⇒結⇒就	**非標準的**
男性	3208	**90.5**	18.6	71.0	**8.8**	1.4	**0.8**
1921-25	180	**84.4**	32.8	47.8	**15.0**	5.0	**0.6**
1926-30	298	**85.2**	35.6	47.0	**13.4**	5.0	**1.3**
1931-35	302	**85.1**	29.5	55.0	**14.9**	3.6	-
1936-40	315	**90.8**	19.0	71.1	**8.6**	1.6	**0.6**
1941-45	349	**94.0**	16.3	77.4	**5.7**	0.6	**0.3**
1946-50	419	**90.7**	11.0	79.7	**8.6**	0.2	**0.7**
1951-55	363	**91.2**	12.4	78.5	**7.7**	0.6	**1.1**
1956-60	318	**90.6**	15.1	74.5	**7.9**	-	**1.6**
1961-65	348	**94.3**	13.2	80.5	**4.6**	-	**1.1**
1966-70	316	**94.3**	12.7	81.3	**5.4**	-	**0.3**
女性	3457	**79.0**	16.5	60.3	**20.4**	14.5	**0.6**
1921-25	228	**62.3**	28.9	28.1	**37.3**	33.8	**0.4**
1926-30	299	**61.5**	27.8	30.1	**38.5**	34.8	-
1931-35	320	**57.8**	24.7	28.4	**41.3**	39.4	**0.9**
1936-40	332	**75.0**	28.0	44.0	**24.4**	21.4	**0.6**
1941-45	395	**81.3**	13.4	66.3	**18.5**	13.4	**0.3**
1946-50	440	**85.0**	10.5	73.2	**14.3**	6.4	**0.7**
1951-55	388	**86.1**	12.6	71.4	**12.9**	5.4	**1.0**
1956-60	338	**86.7**	10.4	75.4	**12.1**	3.3	**1.2**
1961-65	371	**87.3**	9.4	77.1	**12.1**	1.6	**0.5**
1966-70	346	**93.9**	9.2	83.8	**6.1**	0.9	-

注：各順序パターンは以下のとおり。
標準的：学卒⇒初就職⇒初婚，学卒＝初就職⇒初婚，学卒⇒初就職＝初婚，学卒＝初就職＝初婚。
中間：初就職⇒学卒⇒初婚，初就職⇒学卒＝初婚，学卒⇒初婚⇒初就職，学卒＝初婚⇒初就職。
非標準的：初就職⇒初婚⇒学卒，初就職＝初婚⇒学卒，初婚⇒学卒⇒初就職，初婚⇒初就職⇒学卒，初婚⇒学卒＝初就職。
パターンには，最後の出来事未経験を含む。
なお，表中には標準的，中間の特定パターン以外の比率は省略した。
標準的・中間・非標準的3区分　男性：$\chi^2 = 57.394$　$df = 18$　$p < .001$
女性：$\chi^2 = 295.824$　$df = 18$　$p < .001$。
出所）澤口・嶋﨑(2004)表5－1から転載。

になり、最後続の一九六六–七〇年コーホート女性では男性と等しい九四％におよんでいる。学校を終え、連動して就職し、その後に結婚するという順序で、画一的に大人になっていくのである。

さらに、「学卒＝就職→結婚」パターンに注目しよう。すなわち学卒と就職との共時性の強いパターンである。このパターンの比率は、男性でも一九三五年出生までで半数にとどまっている。その背景には、現在ではごく普通になっている新規学卒者の見込み採用の制度が、高度経済成長の時期に確立したことがある。この時期に、学卒と就職という二つの異なる生活領域におけるライフイベントが連動して発生するようになり、その結果、成人期への移行が高度に規格化されたのである。現在では、就職活動で着用するリクルートスーツ、ウェッブ上でエントリーしていく就職ナビなど、就職活動全体が高度に規格化されている。このような現象は、成人期への移行のマクドナルド化といえる。

二　親からの自立──地域による分岐

親からの自立には、空間的・物理的自立を意味する離家（りか）(leaving home)と、経済的自立という二つのライフイベントがある。離家は、初めて親元を（ここ

喫茶室

人生経験のマクドナルド化

社会が高度に合理化を希求した結果、非合理的な状況が生じている現象をアメリカの社会学者リッツァ（Ritzer, G.）はマクドナルド社のシステムに象徴されるとして「マクドナルド化」と称した。「ファストフード・レストランの諸原理が世界の他の国と同様にアメリカ社会のますます多くの部門で優勢を占めるようになる過程」と定義されている。効率性、計算可能性、予測可能性、制御の4側面から整理し、「いつでも、どこでも、同じ味のハンバーガーを食べることができる」現象が他の生活場面にも共通しているとみなしている。

現代日本社会でわれわれがライフイベントを経験する仕方は、オンタイムな経験であれば、ベルトコンベアーにのっているかのように、快適に経験できる。結婚披露宴を考えてみよ。本文中でとりあげた就職活動もしかりである。とはいえリッツァは、この現象を肯定的に観察しているのではない。冒頭にあげたように、一見合理的とみえるが、よくみると非合理な結果をもたらしているというのだ。希望する会社のエントリーシートをウェッブ上で提出できることはとても便利である。しかし、その手軽さゆえに、応募者が殺到することは間違いない。「心配だから」「とりあえず」応募するという行為が、選考における非合理性を高めることは間違いないだろう。

では一年以上）離れて暮らす経験をさす。かつては結婚後、妻が夫の定位家族世帯に入り、親と同居する形態（夫方居住制）があったため、男性の三分の一程度は生涯離家を経験しなかった（三割にとどまるのは、兵役による離家などがあったため）。しかし、戦後の新居制の普及により、近年にはその比率は低下している。現代日本の特徴として指摘されていることは、離家が他のイベントと同時期に経験されやすい点である。男性の場合には、就職と進学との同時性が非常に高い。就職との同時性は集団就職を経験した一九四一―五〇年コーホート男性では三五％におよぶ。また、男性では近年、結婚と同時期の比率も一割を超えている。女性の場合には、圧倒的に結婚と同時に離家する比率が高い。一貫して四割である。そのほかには、近年のコーホートでは男性と同じように学生時代に進学と連動して経験される比率が高まっている。

では、いつごろ離家は経験されるのだろう。一般に指摘されているように、離家は先延ばしされているのだろうか。図20のように、戦後のトレンドは男女で対照的である。先延ばしがみられるのは女性で、一九六一―七〇年コーホートではいちじるしく遅い。一九八〇年代以降、都市圏在住の女性の離家の遅れが指摘されている（いわゆる「パラサイトシングル論」）が、ここからも明らかである。より詳細にみると、その遅れは、大都市圏の女性に顕著である。つまり、離家は地方男女にとっては成人期への移行において標準化し、都市の女性にとっては非標準化という相反する方向へと分岐していったのである。

新居制
結婚した夫婦が独立して新しい世帯を構える世帯形成の仕組み（ネオ・ローカリズム）。結婚して新たな世帯を形成するためには資源が必要であり、近世ヨーロッパ社会での晩婚・稀婚の要因とされている。また、おのずと単純家族が出現することにもなる。対比される仕組みとして夫方（妻方）居住制がある

図20　離家の累積経験率

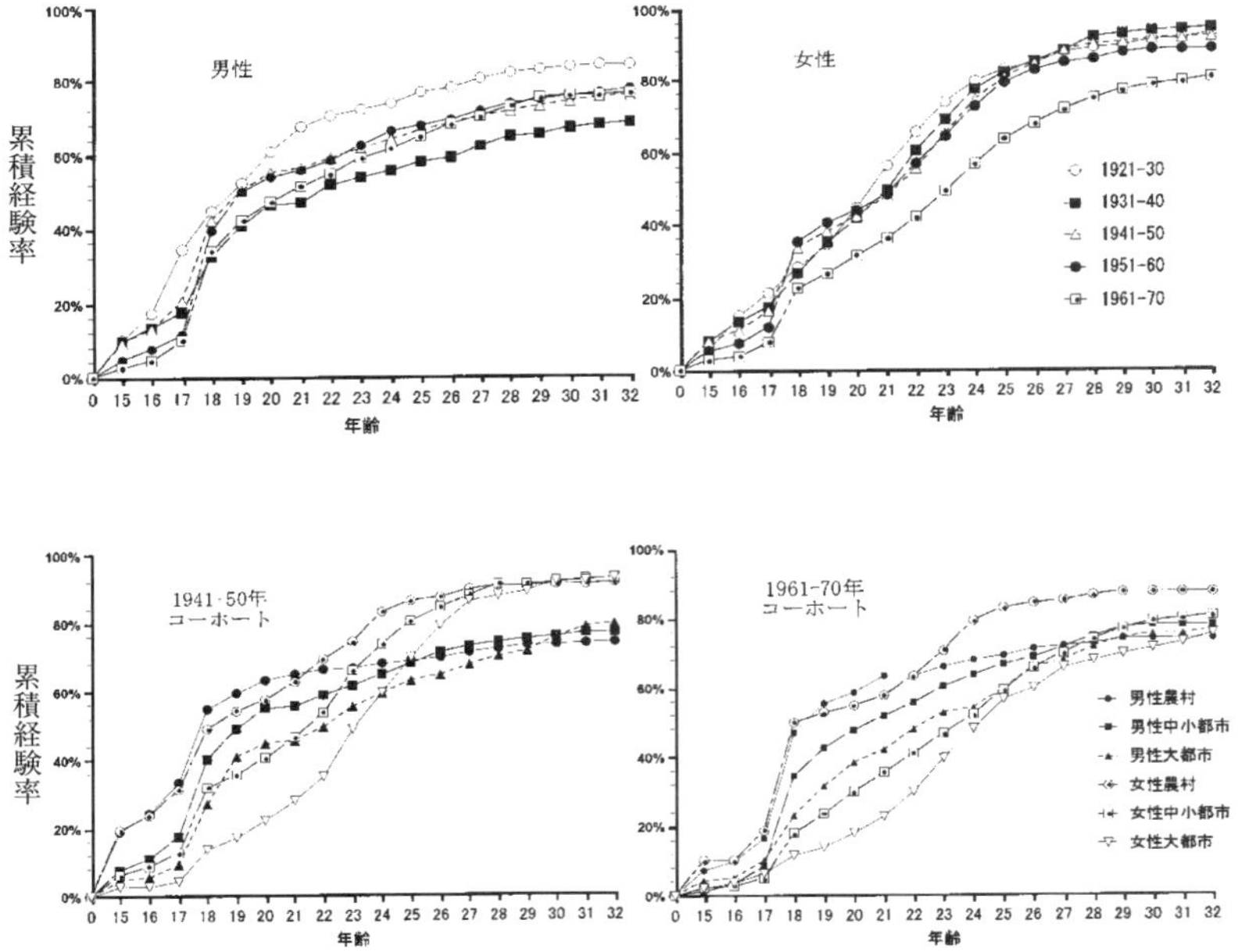

出所）澤口・嶋﨑(2004)図５－４，図５－５から転載。

三　家族形成期に顕在化する男女差

つづいて、女性に限定して結婚ならびに親なり（出産）についてみよう。第五章でみたように、「21世紀出生児縦断調査」からも、出産直後の母親の就業率はきわめて低いことが明らかとなっている。かつての「寿退社」の慣行はうすれ、結婚時の就業継続率は高い。しかし、親なり直後の就業率は低い。本章でみてきたように、成人期への移行過程は、戦後一貫して男性と女性とが同じように経験するという点で画一化の傾向を示してきた。女性が、高等教育へ進学するかは、個人の希望や能力に応じて決定し、さらにその後も男性と同じように、学校卒業とともに社会へと旅立っていった。「女の子だから」という意識は、本人もまた周囲の者にも希薄化しつつある。なかでも一九八六年に施行された男女雇用機会均等法は、男性と同じ条件で就労する機会を女性に保障した。総合職女性の誕生であった。まさに女性でも「がんばれば、それなりに評価される」時代が到来したかのようにみえる。

しかし、親なりに関しては、相反する規範を周囲もまた女性本人も強く抱き続けてきた。すなわち「子どもは、母親が責任をもって育てるのがよい」という規範である。その結果、家族形成期になって初めて女性は、男女差の存在を認識するので

図21　「からだ・こころ・つながりの発達研究」における大卒女性の初職継続状況

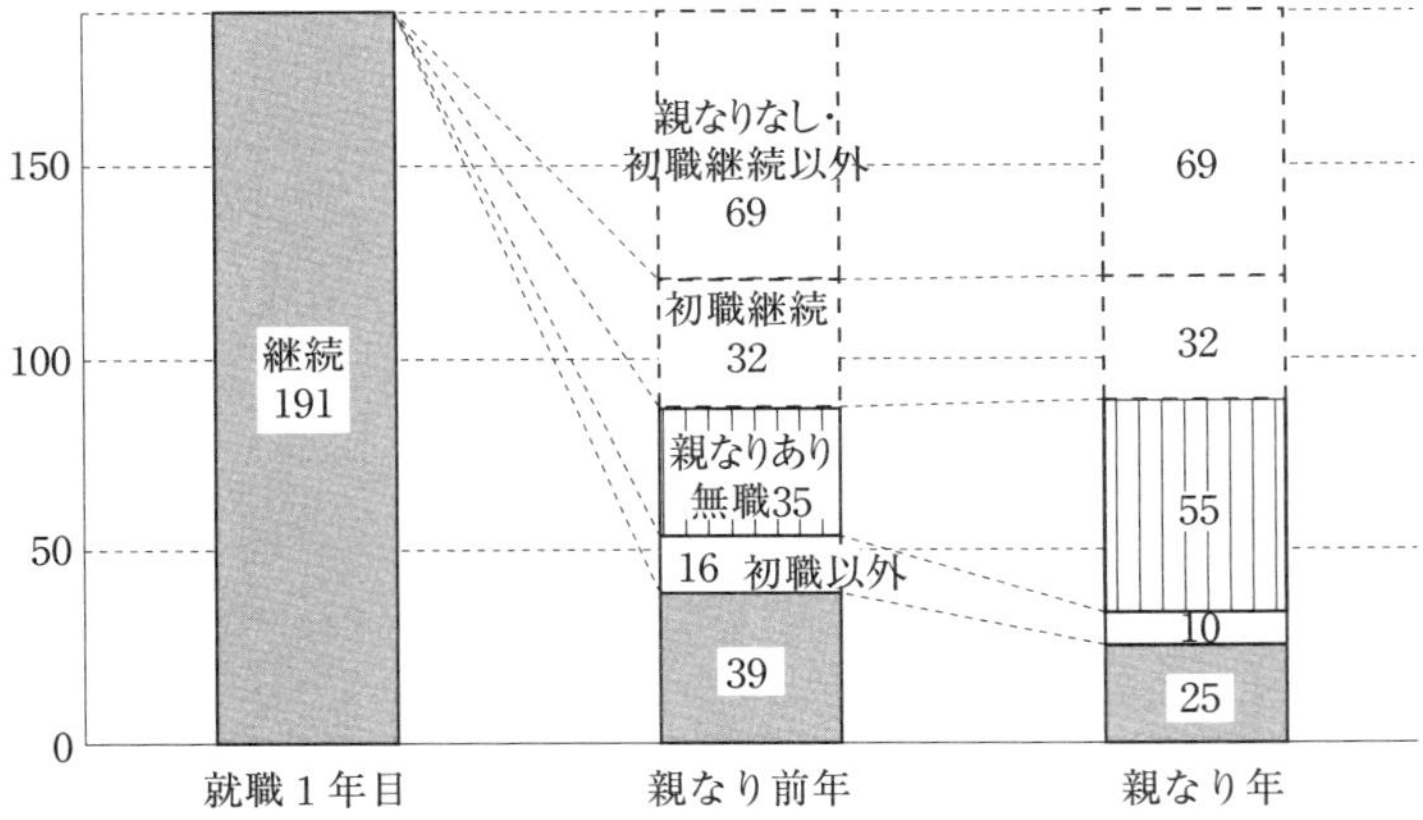

ある。この点を、第五章で紹介した「からだ・こころ・つながりの発達研究」で確認しておくと、図21のように、一九九一・九二・九三年に首都圏の四年制大学を卒業した女性のうち、ほとんどが親なり期には仕事を辞めている。親なり期に就業しているか否かを統計的に有意に推測する因子は、在学中に示された「結婚後に共働きする」という希望と、学生時代までの親の共働き経験の二つであった。人間行為力で考えるならば、継続を希望していた女性は親なり後も継続できる仕事や、配偶者を計画的に選択したのかもしれない。興味深いことに、男性の場合には、

男性本人の希望や経験は、結婚後の共働きとはいずれも有意には関連していなかった。つまり、結婚後の夫婦の就業形態は、妻である女性の選択によっているということだ。

四　「できちゃった婚」の背景

さいごに、結婚と親なりをめぐる今日的現象を確認しておこう。いわゆる「できちゃった婚」である。この結婚は、ライフイベントの順序からみると、「結婚→親なり」であり、標準的とされる。しかし、二つのイベントの間隔は非標準的とされる。つまり、親なりの前提となる「妊娠」というイベントが結婚よりも前になっている。「妊娠→結婚→親なり」となっている。「できちゃった婚」を量的に把握しておこう。「できちゃった婚」の識別は難しい。現在のところ、全婚姻に対する「できちゃった婚」の比率を示す指標は存在しないが、厚生労働省では『人口動態調査特殊報告』を用いて「結婚期間が妊娠期間より短い出生数」として試算している。これは、嫡出第一子出生に関する結婚期間と妊娠期間の情報から算出されたものである。この試算では、週単位での算出をめざし、結婚期間と妊娠期間の組み合わせから、「結婚期間が妊娠期間より短い出生」を特定している。以下では、この「結婚期間が妊娠期間より短い出生」の母親を「できちゃった婚」をした妻とみなし把握していく。一九八〇年には、第一子出生全体の一二・六％であったのが、一九九〇年以降二〇％水準に上昇し、二〇〇〇年には二六・三％が該当する。確実に増加している。

母親の年齢階級別にみると、十五-十九歳では八二％にも達する。二十-二十四歳で五八％である。二十四歳以下で第一子を出産した場合、六割が「できちゃた婚」にあてはまる。これに対し、年齢の高いグループでは相対的に低く、二十五-二十九歳で二〇％、三十歳以上では一〇％程度である。しかし、表6でより詳細にみると、一九八〇年を一〇〇とした場合、どの年齢階級でもこの二十五年間に増加しており、もっとも増加率が高いのは、二十-二十四歳で約三倍となっている。三十歳以上でも一・六倍である。明らかに、「妊娠↓結婚↓親なり」順序が普及しつつあることがわかる。

「できちゃった婚」は、成人期への移行過程における家族形成の標準的な形態になりつつある。この現象は、「結婚↓親なり」という二つのイベント経験について、間隔はともかく、順序を死守する規範のあらわれと説明できる。すなわち「子どもが生まれるときに、母親が結婚している」ことが重視されているのである。「妊娠↓結婚↓親なり」のうち「妊娠↓結婚」部分に関しては問題視せず、たとえ数日で

表6　1980-2004年の年齢階級別の「できちゃった婚」比率の増加率

	全　体	15-19歳	20-24	25-29	30-34	35歳-
1980（期首）	100	100	100.0	100	100	100
1985	137.3	129.7	155.2	125.6	116.9	133.3
1990	166.7	141.4	206.5	159.0	131.0	142.4
1995	178.6	155.9	233.8	182.1	129.6	151.5
1996	176.2	157.4	235.3	185.9	125.4	145.5
1997	179.4	162.4	242.3	192.3	128.2	139.4
1998	189.7	165.2	260.2	212.8	131.0	147.0
1999	198.4	168.4	274.1	229.5	143.7	153.0
2000	208.7	172.4	290.0	251.3	153.5	156.1
2001	218.3	173.6	299.5	270.5	165.2	167.6
2002	221.4	174.5	306.0	287.2	166.7	170.4
2003	213.5	174.5	308.0	284.6	160.6	167.6
2004	211.9	174.9	314.9	293.6	165.2	164.8

出所）『出生に関する統計の概況－人口動態統計特殊報告』（2005）より算出。

あっても「結婚→親なり」であれば、許容される。実に不思議な規範である。その背景には、若年層の性行動に関する規範の許容性の高まりがあることはまちがいない。青年の性規範・性行動は、一九八〇年代以降、女性のそれが男性のそれへと近づく形で急激な変容を示した。しかし、性行動の促進は、人工妊娠中絶の増大と直接には結びついていない。人工妊娠中絶の実施率は、一九五〇年代以降ほぼ一定の水準で推移している。また性行動の促進は、出生が結婚と結びつかない婚外子の出生の増大にも結びつかなかった。婚外子の出生率は、一九八〇年代後半以降上昇傾向を示すものの、全体に低水準である。そこには、婚外子への法的ならびに社会的差別が作用している。この婚外子の社会的差別は、「妊娠するまではどうであれ、子どもは結婚している夫婦のうちから生まれるべきである」という現代日本の結婚規範・意識を反映している。これを嫡出制の原理という。この規範・意識を反映して、現代日本における結婚の機能ならびに未婚者が考える結婚のメリットは「親になること」に特化しつつあるのだ。

嫡出制の原理

「いかなる子どもも、社会学的父の役割を担う人、すなわち、監護者であって、子どもと社会のその他の人びととを結びつける一人の男子なくしてこの社会に生まれるべきものではない」とする道徳的かつ法律的な規則。いかなる社会も子どもが生まれると、その母親と婚姻関係にある男性を父親として認知するという仕組み

第七章

ライフコース社会学への招待

一 ライフコース研究からの発見

二十世紀をとおしての劇的な社会変動ならびに人生経験の変動を背景に、ライフコースの視点が誕生したことは、すでに第一章で示したとおりである。社会原理が、「みなが同じような人生をたどれる」というライフサイクルの視点から、「いろいろな人生をたどれる」社会原理へと発展的に進化した結果である。ここであらためてマイヤーらの表現を用いてライフコース概念を確認しよう。「ライフコースとは、社会構造の一つの要素であり、それは個人の行為、組織的過程、そして制度的・歴史的諸力の所産である。ライフコースは、個人の伝記物語ではなく、社会的にパターン化された軌道なのである」(Mayer and Tuma, 1990)。ここにあるように、ライフコースは個人の人生、あるいは伝記物語ではない。この点をまず強調しておきたい。

本書では、社会学の立場から、この視点を役割、年齢、コーホート、世代、タイミング、重要な他者、人間行為力の七つの道具を中心に概観してきた。ライフコース社会学は、人生研究に新たな視点を投入した。具体的には、以下の六点となる。①加齢過程への着目、②コーホート・フローへの着目、③独立変数としての年齢への取り組み、④歴史時間への着目、⑤人生パターンの多様性の抽出、⑥ネット変化とグロス変化の識別である（正岡　一九九六）。これらの視点は、社会学のみならず歴史学、心理学、文化人類学という、社会変動や人間の行為を観察してきた社会科学、人文科学における研究蓄積を総動員して成立している。この点から、ライフコースの視点は、学際的な視点といえる。歴史学からは、社会変動を変数化してとらえる視点が導入され、さらに「新しい歴史学」といわれる「エリートの歴史」から「庶民の歴史」へという新たなパラダイムによって、ごく普通の個人の生き方への着目の動きとの同時性があった。心理学からは、とりわけ発達心理学における生涯発達の視点が重要であった。すなわち、生涯時間においては複数の役割移行局面があり、それぞれの移行において固有の発達課題を抱えているという見方である。本書では、具体的には成人期への移行をとりあげたが、それにつづく移行として、中年期への移行、高齢期への移行がある。また、人間行為力の導入は、社会変動と人間発達の相互作用過程において個体差の洞察に深さを増した。文化人類学における個人の関係性への着目は、重ねあわされる人生という視点の強調を導出させた。

二　人生経験を観察すること

ライフコースの視点は、人生経験を観察する際に、これまで陥りがちであった重要な誤りの回避へとつながった。すなわち人びとの人生経験に対する種々のステレオタイプな解釈への挑戦であった。この挑戦をライリー（一九八八）と正岡（一九九六）は、以下の五つの誤謬として整理している。

第一に、ライフコースの誤謬である。これは、特定の時代における年齢構造を検討する際に、基本となる横断的な年齢差を、加齢過程を指すものと誤って仮定してしまうことである。たとえば、女性の年齢階級別の労働力率の解釈があてはまる。未婚期にあたる二十歳台には八〇%を超え、家族形成期にあたる三十歳台には四〇%にとどまり、中年期にふたたび七〇%の水準を示すというわゆる「M字型就業曲線」を、女性個人の加齢過程とみなす誤りである。いうまでもなく、既婚女性の「中断再就職」パターンを確認するためには、個人の加齢過程における職業役割

M字型就業曲線

女性の年齢階級別就業率を図示すると、アルファベットのM字を描くことから命名された。未婚時の就業率が高く（第一のピーク）、30歳代前半で低く（ボトム）、40歳代後半で再び高くなる（第二のピーク）ことから、結婚・出産退職し、その後中年期に再就職する「中断再就職」パターンを女性の多くがたどることの象徴として利用されている

の変容をたどらねばならない。

第二に、コーホート中心主義の誤謬がある。すべてのコーホートの成員が、自分自身が所属するコーホートの成員とまったく同じ仕方で加齢すると誤って仮定してしまうことである。第三章でみたように、コーホートはそれ自体、固有の特性をもち、コーホート成員の経験は、特定の歴史時代を反映しており、すべてのコーホートは異質的である。

第三には、年齢具象化の誤謬があげられる。加齢過程に影響をおよぼしている因子を特定せずに、暦年齢それ自体を因果的なライフコース変数として扱ってしまうことをさす。「三十歳だから、家族形成期にある」という説明は成立しない。第三章でみたように、暦年齢はあくまでも社会システムにおける個人の経過時間を測定する尺度であり、同一尺度を導入するねらいは、個体差や共通性をとらえることにある。

第四は、歴史時間を具象化する誤謬である。歴史的変動のいかなる側面が、加齢過程や年齢構造における特定の変化を理解するうえで適切であるかを措定せずに、歴史的変動を因果的変数として扱ってしまうことである。この誤謬に関連して、画一主義の誤謬が指摘されている。その例は、産業化および都市化によって人びとの生活のパターンならびに人生軌道が標準型へ収束されていくと仮定してしまうこと

である。画一主義の誤謬は社会変動に関する広く社会に普及しているステレオタイプの言説への警鐘となっている。

最後に、ネット変化とグロス変化の誤謬がある。すでに第五章でみたように、母集団水準での時系列的なネット変化を個人水準でのライフコースのグロス変化を指すものと誤って仮定してしまうことである。

三　ライフコース社会学からみえる現代社会の課題

本書のおわりに、ライフコース研究をとおしてみえてくる現代日本社会の課題を三点指摘しておきたい。第一に、日本社会における「ごく普通の人生」志向の強さがある。ライフコースの視点は、一九八〇年代から日本で積極的に導入された。しかし、社会原理としての「いろいろな人生の道筋」への理解は浅い。とりわけ女性の生き方への言説からは、「最近の女性のなかには仕事に生きる人もいるが、私の娘にはごく普通に結婚して、子どもをもってほしい」という心情がうかがえる。その点では、ライフサイクルからライフコースへの発展的進化は、社会文化的には浸透していない。

そのことは、第二の年齢重視の傾向とも結びつく。年齢は人びとに平等に与えられた資源であるとする思想は、近代日本の発展における重要な社会的原動力であった。しかし同時にこの思想は、年齢差別を下支えしつづけている。年功序列賃金体系や定年年齢などは、その象徴である。さらに、若者の社会的排除の背景には、「いつかはみな大人になる」だから「大人になるまで待て」という暗示があることはいうまでもない。

とはいえ、二十一世紀をむかえ、あらたな社会的ライフコース・パターンが出現しつつあることは、まぎれもない事実である。この点を第三として指摘したい。たとえば、教育においては、教育への回帰（reeducation）がある。ヨーロッパを中心に指摘されているが、就業を経たのち、あるいは家族形成を経たのちに、ふたたび学校へ戻るという現象である。この点は、キャリアアップをめざした大学への社会人入学など、日本においても確実に浸透している。また、親からの自立過程においては、離家が一度ではないという現象、すなわち、帰家（returning home）というイベントがある。これは、地方出身者が、学卒後就職に際して帰家するばかりでなく、就職した後に、あるいは離婚後に帰家することもある。このイベントは、親夫婦の中年期から高齢期への移行過程ならびに夫婦生活の再構築に多大な影響をおよぼすことが知られている。最後に、女性の就業においては、これまで就業しているか否かに関心が寄せられてきたが、女性の生涯にわたる職業キャリアの展開を前提に、転職が高い確率で発生している。この点も、二十一世紀に出現したあらたな社会的ライフコース・パターンとして今後、注目される。

おわりに

本書では、ライフコース社会学のねらいや方法、研究例を七章にわたって紹介してきた。具体的には七つの道具をとりあげたが、いずれも社会学の中心的概念である。本書をとおして強調してきたのは、私たちの人生形成において、いつ、どこで生まれて、どのようにその社会のメンバーに加わったのかが重要な意味をもつという点と、私たち個々人がもつ、さまざまな能力（本書でいう人間行為力）によって社会的諸力の影響が異なるという点であった。

ライフコース社会学では、興味深い実証的研究が蓄積されている。多くの学生諸君には、今後そういった研究を積極的に学習してほしい。同時に、めまぐるしく変化する現代社会の諸現象を観察する際には、「社会が多様化している」といった記述にとどまるのではなく、その仕組みや要因についても考察を深めてほしい。その際、本書で紹介した年齢と時代とコーホートからなるA‐P‐C空間上での説明は、説得力をもつものである。そうした考察をとおして、これまでみえてこなかった現象の内側にたどりつくことができるだろう。また、私たちが生きている社会が、きわめて単純かつ受動的に規範的なコースを受け入れていることと、その弊害についても気づかされるだろう。あらためていうまでもなく、現在という時間は、過去と未来の両者から作用を受けている。そのことも確認してほしい。

最後に、本書の執筆にあたっては、田中千津子社長をはじめ学文社のみなさまにたいへんお世話になりました。心より感謝いたします。

二〇〇八年一月

嶋﨑　尚子

〈参考文献〉

バビー・E（渡辺聡子監訳）（二〇〇三）『社会調査法1　基礎と準備編』培風館

Clausen, John (1991) Adolescent competence and the shaping of the life course, *American Journal of Sociology*, 96 : 805–842.

Crockett, Lisa J. (2002) Agency in the Life Course: Concepts and Processes, in Lisa J. Crockett ed., *Agency, Motivation, and the Life Course*, University of Nebraska Press, 1–29.

エルダー・G・H、ジール・J・Z（二〇〇三）『ライフコース研究の方法　質的ならびに量的アプローチ』明石書店

カーン・R・Lほか（東洋ほか訳）（一九九三）「生涯にわたる『コンボイ』―愛着・役割・社会的支え―」『生涯発達心理学』新曜社

国立社会保障・人口問題研究所（二〇〇七）『人口統計資料集二〇〇七』

厚生労働省（二〇〇三）『第二回21世紀出生児縦断調査報告書』

厚生労働省（二〇〇五）『出生に関する統計の概況―人口動態特殊統計報告』

正岡寛司（一九九六）「ライフコース研究の課題」井上俊ほか編『岩波講座現代社会学9　ライフコースの社会学』岩波書店、一八九－二二二

森岡清美（一九九三）『決死の世代と遺書　太平洋戦争末期の若者の生と死』吉川弘文館

大久保孝治・嶋﨑尚子（一九九五）『ライフコース論』放送大学教育振興会

Perun, P. J. & D. D. Vento Bielby (1980) Structure and Dynamics of the Individual Life Course, in Back ed., *Life Course: Integrative Theories and Exemplary Populations*,

Westview Press, 97–119.

プラース・D（井上俊ほか訳）（一九八五）『日本人の生き方』岩波書店

Riley, M. W., Foner, A. & J. Waring, (1988) Sociology, of Age, in Neil J. Smelser ed., *Handbook of Sociology*, Sage, 243–290.

Shanahan, Michael J. and Glen H. Elder Jr. (2002) History, Agency, and the Life Course, in Lisa J. Crockett, ed. *Agency, Motivation, and the Life Course*, University of Nebraska Press, 145–186.

Shanahan, Michaek. J., Scott M. Hofer and Richard A. Miech (2003) Planful Competence, the Life Course, and Aging: Retrospect and Prospect, in Steven H. Zarit, Leonard I. Pearlin, and K. Warner Schaie eds., *Personal Control in Social and Life Course Contexts*, Springer, 189–211.

Shanahan, Michael. J. and Kathry E. Hood (2000) Adolescents in Changing Social Structures: Bounded Agency in Life Course Perspective, in Lisa J. Crockett and Rainer K. Silbereisen eds. *Negotiating Adolescence in Time of Social Change*, Cambridge University Press, 123–134.

澤口恵一・嶋﨑尚子（二〇〇四）「成人期への移行過程の変動—学校・職業・家族の共時性」渡辺秀樹・稲葉昭英・嶋﨑尚子編『現代家族の構造と変容　全国家族調査［NFRJ98］による計量分析』東京大学出版会、九九－一二〇

嶋﨑尚子（一九九四）「仕事からの離脱」『ヒューマン　サイエンス』6-2 : 31–44.

嶋﨑尚子（一九九八）「ライフコースと家族過程」『家計経済研究』四〇号、二〇－二六

嶋﨑尚子（二〇〇六）「男性の性別役割分業意識―家族関係・家族経験による形成過程―」西野理子・稲葉昭英・嶋﨑尚子編『第2回家族についての全国調査　第二次報告書№1　夫婦、世帯、ライフコース』一二五－一三七

なお、第四章二節で利用した「戦後日本の家族の歩み調査（日本家族社会学会）」データは、東京大学社会科学研究所附属日本社会研究情報センターＳＳＪデータアーカイブから個票データの提供を受けた。

早稲田社会学ブックレット出版企画について

社会主義思想を背景に社会再組織化を目指す学問の場として一九〇三年に結成された早稲田社会学会は、戦時統制下で衰退を余儀なくされる。戦後日本の復興期に新たに自由な気風のもとで「早大社会学会」が設立され、戦後日本社会学の発展に貢献すべく希望をもってその活動を開始した。爾来、同学会は、戦後の急激な社会変動を経験するなかで、地道な実証研究、社会学理論研究の両面において、早稲田大学をはじめ多くの大学で活躍する社会学者を多数輩出してきた。一九九〇年に、門戸を広げるべく、改めて「早稲田社会学会」という名称のもとに再組織されるが、その歴史は戦後に限定しても悠に半世紀を超える。

新世紀に入りほぼ十年を迎えようとする今日、社会の液状化、個人化、グローバリゼーションなど、社会の存立条件や社会学それ自体の枠組みについての根底からの問い直しを迫る事態が生じている一方、地道なデータ収集と分析に基づきつつ豊かな社会学的想像力を必要とする理論化作業、社会問題へのより実践的なかかわりへの要請も強まっている。早稲田社会学ブックレットは、意欲的な取り組みを続ける早稲田社会学会の会員が中心となり、以上のような今日の社会学の現状と背景を見据え、「社会学のポテンシャル」「現代社会学のトピックス」「社会調査のリテラシー」の三つを柱として、今日の社会学についての斬新な観点を提示しつつ、社会学的なものの見方と研究方法、今後の課題などについて実践的な視点からわかりやすく解説することを目指すシリーズとして企画された。多くの大学生、行政、一般の人びとに広く読んでいただけるものとなることを念じている。

二〇〇八年二月一〇日

早稲田社会学ブックレット編集委員会

嶋﨑尚子（しまざき　なおこ）

一九六三年東京生まれ。現職：早稲田大学文学学術院教授

東京女子大学文理学部社会学科卒業、早稲田大学大学院文学研究科博士課程単位取得退学

専攻：ライフコース論、家族社会学、社会調査法

主な著書

『ライフコース論』（共著）放送大学教育振興会、一九九五・『近代社会と人生経験』（共著）放送大学教育振興会、一九九九・『現代家族の構造と変容』（共編著）東京大学出版会、二〇〇四・『社会調査データと分析』トランスアート、二〇〇四・『炭砿労働者の閉山離職とキャリアの再形成―旧常磐炭砿KK砿員の縦断調査研究』PartⅠ〜Ⅹ、早稲田大学常磐炭砿アーカイブ研究所、一九九六〜二〇〇七など